学び直しは中学英語で

世界一簡単な不変の法則

小比賀優子
Yuko Obika

出窓社

学び直しは中学英語で

世界一簡単な不変の法則

It is never too late to learn.
学ぶのに遅すぎるということはない（諺）

◆ 目次 ◆

はじめに　*5*

0章　英語についての素朴な疑問　*9*

1章　鉄則① 英語は語順で理解しましょう　*33*

2章　鉄則② 英語は意味のまとまりで考えましょう　*53*

3章　鉄則③ 英語の音の法則を身につけましょう　*69*

4章　英語が体にしみこむ学習法　*97*

5章　これだけは知っておきたい英文法　*113*

＜中学英語で学ぶ主な文法項目と例文＞

be 動詞（現在形）	I am from Japan.
（過去形）	I was in Osaka yesterday.
一般動詞（現在形）	I go jogging every morning.
（過去形）	I went shopping in Shibuya yesterday.
現在進行形	I am cooking dinner now.
過去進行形	I was watching TV then.
現在完了形	I have been to Kyoto many times.
未来表現	I am going to visit Kyoto next month.
	I will call you tonight.
受け身	The meeting was held last Tuesday.
助動詞	Can you swim?
疑問詞	Which bus goes to the museum?
不定詞	Do you know how to use this machine?
動名詞	I enjoyed talking with you at the party.
冠詞	I am an English teacher.
	The earth goes around the sun.
代名詞	Mr. Jones is our English teacher. He is from Canada.
形容詞と副詞	He is a good singer. He sings very well.
比較表現	Is that watch more expensive than this one?
	Yes, that's the most expensive watch in our shop.
接続詞	I lived in Osaka when I was a high school student.
後置修飾	I bought a book written by my English teacher.
関係代名詞	I am looking for a person who can teach me Chinese.

＊中学英語は、英語を使うための必要最小限の文法事項がうまく配置された宝ものです。

はじめに

英語への再挑戦

苦手(にがて)だった英語をもう一度学び直してみたい、と思っている人は多いのではないでしょうか。この本は、そういった大人の方はもちろん、急に英語の授業がむずかしくなって、英語がわからなくなってきた中学生や高校生のみなさんにも読んでもらえるように書きました。ですから、中学生以上の「英語をわかるようになりたい！」と願っている人すべてが、この本の読者です。

でも、いざ学び直そうと思っても、いったいどこから手をつけたらいいのか、とまどう方もたくさんいると思います。そこで私は、みなさんの多くが最初に出会った英語、つまり「中学英語」に立ち戻ることを提案いたします。なぜなら、中学英語には使える英語がいっぱい詰まっていますし、みなさんがどこかで英語につまずいた経験をおもちなら、それは案外、最初の出会いにあると思うからです。始めにボタンの掛け違いをしてしまうと、後々、とんでもない方向へ行ってしまいます。英語が苦手だ、あるいは嫌いだと言う人の話を聞いてみると、スタート地点でつまずいていることがとても多いのです。

新聞にこんな調査結果が出ていました。中学2年生に英語への意識をたずねると、6割が「苦手」と感じていて、そのうち7割がすでに中1の頃から苦手意識をもっていた、というので

す。英語がわからないと思っている人は、中学生から大人まで本当にたくさんいます。でも、わかるようになる力は誰にでもあるのです。どうか自信を持って再挑戦してください。

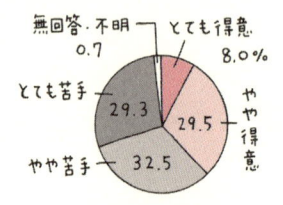

中2生英語は得意？苦手？
ベネッセ教育研究開発センター
09年1月～2月調査
（朝日新聞2009年9月6日）

中学英語は宝もの

さて、「中学英語」とは、なんでしょう。

教科書や授業の基本になっている文部科学省の指導書では、中学の英語学習の目的を、「英語を聞くこと、話すこと、読むこと、書くことに慣れ親しみ、初歩的な英語を聞いて、話し手の意向を理解し、自分の考えを話すことができ、書き手の意向を理解して、自分の考えを書くことができるようになる」としています。

つまり、中学3年間で、英語を理解するための基礎はすべて学べるということです。文法項目でいうと、be動詞、一般動詞から始まり、その現在形、過去形はもちろん、現在完了形や助動詞、不定詞、比較級と最上級、さらには接続詞や関係代名詞まで学ぶことになっています（☞P4）。中学英語を身につければ、現在、過去、未来のことはもちろん、経験したことを語ったり、大きさや値段を比べたり、道順をたずねたりすることもできますし、長くて複雑な文を、ある程度理解できるようにもなるのです。

高校英語は、中学英語を土台にして、さらに高度で複雑な文章を読んだり、聞いたり、話したり、書いたりするものと理解してください。文法項目も、仮定法や分詞構文などが追加され

ますが、ほとんど中学で習うものと同じです。つまり、中学英語という土台をしっかり固めていれば、そのあとに続くどんな英語にも対応できるのです。

英語はけっして簡単な言葉ではありません。でも、土台づくりをしっかりして、英語の仕組みを身につけてしまえば、その人の必要に応じて必ず使えるようになります。その最低限の基礎固めをする最高のタイミングが、中学の3年間なのです。このタイミングを逃すのは、宝の山を目にして素通りするようなものでしょう。中学生のみなさんは、どうかそのことを忘れずに勉強に取り組んでください。

「しまった、宝の山を見過した…」と思った方も心配はいりません。みなさんには、積み重ねてきた経験や知識という別の宝ものがあります。そういったものすべてを英語学習に生かし、あらためて土台を固めてください。いくつになっても、けっして遅すぎることはありません。

この本で目指すこと

みなさんに目指していただきたいのは、中学英語を「使える英語」にすることです。言葉というのは、文字と音と意味が結びついて初めて自由に使えるようになります。そのためには、文字で読んで理解できる英語を、耳で聞いてもわかるように、英語の音らしく声に出せるようにしなければなりません。

この本では、「中学英語」を「使える英語」にするためにはどうすればいいのか、目の前の英文にどう取り組めばいいのか、そのための学習方法を、最初の一歩からできるだけわかりやすく解説します。

本題に入る前の準備運動として、0章では、英語について多くの人が疑問に思っていること、なんとなくもやもやしていることをすっきりさせます。

　1章から3章では、中学英語を「使える英語」にするための学習の仕方とそのポイントを、3つの鉄則にまとめて紹介します。どれも英語学習には欠かせない、とても大切な法則です。理解度をチェックできる練習問題も入っています。英語に対する良い習慣をつけるつもりで、しっかり身につけてください。

　4章では、鉄則を土台にした実践的な勉強の仕方、「英語が体にしみこむ学習法」を紹介します。英語を目で見て、耳で聞いて、口で発音し、その内容を頭に思い描くことで、ムリなくムダなく体にしみこませるトレーニング法です。

　5章では英文法についてお話しします。特に英語の語順と関係の深い「品詞」を中心にまとめました。この本は英語の文法書ではないので、細かい英語のルールを端から順に説明することはありません。その代わり、学校の授業では抜け落ちてしまいがちな視点をたくさん盛りこみました。長年英語を使って仕事をし、英語を教えてきた私自身の経験からたどり着いた、よりすぐりのポイントばかりです。どうか最後まで楽しみに読み進めてください。

0章

英語についての素朴な疑問

　中学生になると、あたりまえのように誰もが英語の勉強を始めます。でも、どうもすっきりしないなあ、と思うことはありませんか。大人の方でしたら、英語に関して長年ずっと疑問に思っていることはないでしょうか。

　例えば、英語のABCとローマ字って何が違うの？　どうして英語はスペルと発音が一致していないの？　そもそも、なぜ英語を勉強しなければならないの？　などなど。

　そんな「？」マークをかかえたままでは、今ひとつ勉強に身が入りませんね。

　そこで本題に入る前に、英語についての素朴な疑問を、一つひとつ解決していきたいと思います。気になることをすっきりさせて、心おきなく英語の勉強を始めましょう。

Q どうして英語を勉強しなければならないの？

A 英語は将来必ず役に立つからです。日本で生活するには日本語が、世界の中で生きていくには英語がどうしても必要です。

英語は世界の共通語

アメリカやイギリスなど、英語を母国語(ぼこくご)としている国の言葉というだけでなく、英語には世界の共通語としての役割があります。

母語(ぼご)として世界で一番多くの人に話されているのは、圧倒的に人口の多い中国語、一番多くの国で話されているのは、スペイン語です。そして英語は、母語としてだけでなく、第二言語、公用語としても広く使われ、なんといっても外国語として最も多くの国で、最も多くの人に学習されています。英語を母語として話す人から外国語として学習する人まで合わせると、その数はおよそ18億人になると言われています。世界の総人口が約68億人ですから、4分の1以上ですね（2020年頃までには30億人に達するという見通しもあります）。でも、いったいなぜ英語がこんなに広く使われるようになったのでしょう。

17世紀、というと日本はまだ江戸時代で鎖国をしていた頃ですが、イギリスは、大英帝国として世界の海に乗り出し、植民地を手に入れ、母国語である英語を世界中に広めました。アメリカ合衆国を始め、アフリカ大陸やインドや香港にも、イギリス支配の影響で英語は定着していきました。そして20世紀に入ると、アメリカが世界経済を動かすようになり、あらゆる先端技術の中心になったことで、英語の必要性はますます高まったのです。映画や音楽などのアメリカ文化が、世界中の若者の心をつかんだこ

とも大きな要因の一つでしょう。

21世紀を生きるためには、経済はもちろん、環境や食料など、あらゆることを地球規模で考えなければなりません。英語ができれば、世界中の人と意見を交わし、語り合い、助け合うことができます。国際語としての英語は、これから先もみなさんの強い味方になるはずです。

英語は必ず役に立つ

将来どんな仕事につこうと、どんな暮らしをしようと、身につけた英語が役に立つことはあっても、無駄になることはありません。これは、社会に出て活躍されている方なら、誰もがそう思っているのではないでしょうか。

数学や科学、哲学や歴史、スポーツや音楽など、どんな道に進むにしても英語は必要です。インターネットで世界中の人とつながることができる時代、英語はあらゆる分野で情報交換の便利な道具として使えます。入学試験でも、就職試験でも、企業の昇進試験でも、理系の人も、文系の人も、英語のテストだけは避けて通れないのが現実です。

最近では、社内での公用語を英語にする日本企業もでてきました。今まで英語を必要としなかったエンジニアの方も、その高い技術を海外で生かすため、英語の特訓コースを受けています。

海外へ行く人はもちろんですが、ずっと日本にいたとしても、海の向こうから日本語を話せない人たちがやって来て、みなさんと関わりをもつこともあります。隣にインド人の一家が引っ越してくるかもしれませんし、マレーシアの人と一緒に働くことになるかもしれません。

もちろん、私たちがいくら英語で話しかけても、相手が英語も

0章 英語についての素朴な疑問

日本語もまったく理解してくれなければ困ります。逆に、みなさんが外国の人から英語で話しかけられたときのことを想像してみてください。英語が通じなかったら、相手の人はどんなにがっかりすることでしょう。お互いの共通語である英語ができればこそ、助けてほしいときも、助けたいときも、相手にきちんと気持ちを伝えることができるのです。

Q 英語ができれば日本語なんてどうでもいいの？

A とんでもない！ 日本語力がなければ英語力は身につきません。

日本語力はすべての基本

英語が世界の共通語だからといって、日本語をおろそかにしては絶対にいけません。何よりもまず母語の日本語力をしっかり磨きましょう。

私たち日本人にとって、日本語は母語で、英語はあくまでも外国語です。母語というのは、幼い頃に両親などのごく身近な人から自然に習得する言葉です。どんな人にも必ず産みの母がいるように母語があり、その人を形づくる中心となっています。土台である母語をしっかり習得していなければ、外国語を習っても意味がありません。母語で豊かな表現ができるからこそ、外国語もしっかり身につけることができるのです。

日本語力を磨けば英語力も上がる

日本語でも敬語を十分に使えない子どもが、英語で丁寧な表現をしたり、複雑なことを伝えたりすることができるでしょうか。

母語の日本語が未熟なうちは、習得できる外国語も未熟なものでしかありません。どんなに外国語が得意でも、母語で語ること以上のことを外国語で表現することはできないのです。

アメリカで暮らしている日本人の小さな子どもが、ぺらぺらと英語を話しているのを見ると、ついうらやましく思うかもしれませんね。でも、その子が、「おい、バスケしようぜ!」とか、「クッキーちょうだい!」と言っているだけだとしたら、どうでしょう? 子どもが話すのは、あくまでも子どもの英語です。みなさんが身につけようとしている大人の英語とは違います。

日本語できちんと話せる人は、英語でもきちんと話せるようになりますし、日本語の文章を早く正確に読める人は、英語の読解力も必ず伸びます。母語の日本語を飛び越えて、外国語である英語を十分に身につけることはできません。まずは土台である日本語を磨いてください。そうすれば、語学力全体が底上げされ、英語も必ず上達するはずです。

Q 英語は子どもの頃からやらないと手遅れになる?

A そんなことはありません。本格的な英語の勉強は中学から、そして再挑戦はいつでも、何度でもできます。

中学から始めたほうがいい

英語は中学から始めても大丈夫、というより、中学から始めたほうがいいのです。そして、再挑戦するのに遅すぎることは決してありません。

中学から英語を始め、ずっと英語を使って仕事をしてきた私自身、子どもの頃から英語をやっておけばよかった、と後悔したこ

とは一度もありません。生徒さんたちの話を聞いても、「中学の頃にもっと英語を勉強しておけばよかった」と言う人はたくさんいますが、「小学生の頃からやっておけばよかった」という声はほとんど耳にしません。（それなのに、自分の子どもには、ずいぶん小さい頃から英語を習わせるお父さんやお母さんは多いですね。先日は、「0歳からの英会話」という看板を見つけました。赤ちゃんに、いったいどんな「会話」をさせるのでしょう？）

　外国語を本格的に学ぶのは、母語という言葉の土台がしっかりしてくる中学生になった頃がちょうどいいと思います。英語を公用語にしている国の人や、第二言語として日常的に使う必要のある人なら話は別ですけれど、日本に暮らして、日本語を母語としているのでしたら、そんなに小さい頃から始める必要はありません。

　子どもの頃から英語を始めないとネイティブのような発音ができない、と心配する方もいますが、それも取り越し苦労です。そもそもネイティブのような発音をする必要などないのですから。（このことについては後ほどまたお話しします）。考えてもみてください。国語はもちろん、数学も、社会も、理科も、すべて日本語で勉強するのです。母語である日本語力をしっかりつけておくことのほうが、どんなに大切かしれません。

中学英語は「大人の英語」の出発点

　中学英語が目指すのは、**読んで理解し、きちんと書くことのできる「大人の英語」**です。幼児や小学生向けの英語教室で教えられている「子どもの英語」でも、友人同士のくだけた日常会話でもありません。将来、英語を使って仕事をする人にとっても、旅行英会話だけが必要な人にとっても、中学英語は原点になります。ですから、「不規則変化の過去形・過去分詞」はもちろん、中学

で習う文法や語彙はしっかり覚えなくてはなりません。(裏を返せば、それさえきちんと覚えれば大丈夫ということです。あとは自分の必要に合わせて、使える単語をどんどん増やしていけばいいのです)。

　英語がわからなくなったとき、基礎がぐらついていると気づいたとき、そして、英語を一からやり直したいと思ったときは、迷わず、大人の英語の出発点である中学英語から再スタートを切りましょう。

Q 英語って日本語より簡単なの？

A いいえ。簡単だから英語が国際語になったわけではありません。英語は発音も文法も例外だらけの学びにくい言葉です。

英語も日本語も複雑な言葉

　世界地図を広げて、ヨーロッパの島国、イギリスを見つけてください。日本の国土面積よりもほんの少し小さいイギリスは、海をへだてて、大陸のフランスやオランダ、そしてノルウェーなどの北欧諸国に取り囲まれています。ユーラシア大陸をはさんで東西に分かれていますが、共に島国であるイギリスと日本は、大陸との位置関係がよく似ていますね。

　日本が中国から漢字を、そしていろいろな国から外来語を取り入れたように、イギリスもフランスや北欧、かつての植民地インドなどから多くの単語をもらって英語化しました。おかげで単語の数がとんでもなく増え、発音とスペル(綴り)の関係も一致しなくなってしまったのです。おまけに、英語の文法は例外が多くて複雑です。英語を勉強していると、納得できないことが山のように

0章　英語についての素朴な疑問　15

出てきます。なぜ？　どうして？　と叫びたくなるかもしれません。でも、英語の仕組み自体が不完全なので、疑問を解こうと時間をかけても骨折り損のくたびれもうけになるだけです。すっきり割り切れる正解がない、というのが英語という言葉の特徴なのです。

英語は発音もややこしい

　英語をいざ声に出そうとするときにやっかいなのは、単語のスペルと発音がずれていることでしょう。同じ a でも、apple、name、walk では、発音がまったく違います。つまり、文字を見ただけでは、どんな発音になるのかわかりません。これは、英語を外国語として学ぶ人にとってはもちろん、母語として使う人にとってもたいへん不便です。

　アルファベットを使う他の言語、ドイツ語やフランス語、スペイン語などでは、スペルと発音が一致しています。ですから、単語のスペルを見ただけで、どんな発音になるのかわかるのです。（もちろん、実際に正しい音を出すのは難しいと思いますが）。

　日本語はどうでしょう？　少なくとも平仮名とカタカナは文字と発音が一致していますね。ですから漢字にふりがなをつければ、どんな言葉も声に出して読むことができます。

　ところが、英語はそうはいきません。文字を見ただけでは単語を発音する手がかりがほとんどないのです。もちろん、ある程度予測することはできるでしょう。でも、あくまでも予測ですから当てにはなりません。

　では、なぜ英語はスペルと発音が一致していないのでしょうか？　実は、大昔の古い英語では、スペルと発音は一致していました。ところが、その後さまざまな影響を受け、英語の発音はみるみる変わっていったのです。

英語の母音は、15世紀頃から17世紀にかけて、とても大きく変化したと考えられています。今は **name**（名前）や **make**（作る）は、それぞれ「ネイム」、「メイク」と発音しますが、昔は、「ナーメ」、「マーケ」のように発音されていました。また、**night**「ナイト」（夜）や **eight**「エイト」（8）の **gh** は、現代英語ではまったく発音されませんが、古い英語では「ヒ」に近い音で読まれていたようです。

　そうして発音は変化していったのですが、スペルのほうは、折からの活版印刷術の普及で、書物に印刷されてどんどん定着していきました。そのため、スペルと発音がずれたまま、現代の英語に引き継がれてしまったのです。

　おまけに、より高い文化や学問を取り入れるため、多くの外国語、フランス語やラテン語、その他のヨーロッパの言語が英語化されました。その英語化の方法にも一貫性がなかったので、ますますややこしいことになってしまったわけです。

　こうした英語の複雑さは、外来語をカタカナで表し、組み合わせによって読み方が変わる漢字を使う日本語のややこしさと似ていますね。「小さい」の「小」という字は、「小学校」のときは「しょう」、「小川」のときは「お」、「小雨」のときは「こ」と読むように、英語の a も、**apple**（りんご）のときは「アップル」、**name**（名前）は「ネイム」、**walk**（歩く）は「ウォーク」とまったく違う発音になるのです。

　「小雨」という文字を見て意味がわかったとしても、読み方が「おあめ」では、聞いたり話したりする日本語としては使えません。英語の単語も同じです。スペルと意味だけでなく、読み方も必ず一緒に覚えるようにしましょう。

Q 英語のアルファベットとローマ字は何が違うの?

A ローマ字は、日本語の音をアルファベットで表すときに使う文字です。ローマ字で書かれたものは、あくまでも日本語で、英語の単語ではありません。

ローマ字読みは日本語読み

　ローマ字は日本語の音を表すもので、英語の音とはまったく関係がありません。(日本語以外でも、ロシア語やアラビア語、中国語など、アルファベットを主な文字としない言語でもローマ字は使われています)。

　「あ・い・う・え・お」をローマ字にすると「a・i・u・e・o」、「か・き・く・け・こ」は「ka・ki・ku・ke・ko」です。50音すべてに対応するので、ローマ字を使えば、どんな日本語もそのままアルファベットの単語に変身させられます。地名や人の名前、寿司(sushi)や歌舞伎(kabuki)など、日本独自の文化を外国の人に伝えるときは便利ですね。

　こうしたローマ字は、日本語の音を表していますから、英単語を読むときにローマ字読みをすると、英語ではなく日本語になってしまいます。例えば、英単語の take は「テイク」と読みますが、ローマ字読みだと「タケ」。これではまったく通じません。

　ローマ字はたいてい英語の勉強をする前に小学校で習うので、英単語をついローマ字読みしてしまう習慣がつくのでしょう。

　あるとき、社会人向けの英語クラスで、「ハワイ　イズ　サーフ」と言う人がいました。ハワイでサーフィンをしたいのかしらと思ったら、そうではなく、「ハワイは安全です」と言いたかったようです。「安全な」は safe という単語で、読み方は「セイフ」。「サー

フ」と読みたくなる気持ちもわかりますが、それでは相手にわかってもらえません。

　小学生のときに身につけるローマ字読みが、英語学習のさまたげになってしまうのは、とても残念です。ローマ字を習うのと同時に、英語の音を練習する機会があれば、そういったことはだいぶ少なくなると思うのですが。

英語の音を表すのは発音記号

　英語の音を表すのは、ローマ字でもアルファベットでもなく、発音記号です。英語の発音記号は、日本語の「ふりがな」のようなものだと考えてください。ですから、発音記号を身につけずに英単語を覚えようとするのは、平仮名を読めずに漢字の勉強をするのと同じです。

　英語を外国語として学ぶとき、単語を正しく発音するためには、発音記号を確認し、お手本の声に耳を澄ませるしかありません。英語を母語としている人たちも、発音のわからない単語に出会うと、まわりの人に発音してもらって確かめます。スペルの複雑な外国人の名前などには、発音記号が添えられることもあります。そういったところも、漢字の読み方に似ていますね。

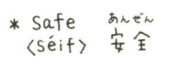

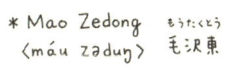

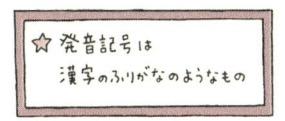

* Safe あんぜん 安全
　⟨séif⟩
* Mao Zedong もうたくとう 毛沢東
　⟨máu zədʊŋ⟩

☆発音記号は漢字のふりがなのようなもの

　発音記号には、θやðやæなど、見慣れない形をしているものもあって、初めはとっつきにくいかもしれません。でも、英語の音を身につけるためには、なくてはならないものですし、便利で心強い味方です。

スペルだけ見てローマ字読みをする前に、発音記号を見ながら声に出すクセをつけましょう。不思議な記号も、見慣れれば、だんだん親しみがわいてくると思います。

　すべての記号を正しく発音できなくてもいいのです。まずは、safe を「サーフ」と読まないために、発音記号を上手に利用してください。(☞P84)

◇小学校英語に発音記号の練習を◇

　平成23年度（2011年4月）から全国の公立小学校で英語の授業が始まる予定ですが、プログラムの中に発音記号の読み方とその練習を取り入れてほしいと願っています。

　DVDの映像などを使って、音を出すときの舌やあごの位置、口の形などを練習するのは、子どもたちにとってきっと楽しいはずです。ローマ字を勉強したあとに、英語の音を発音記号と一緒にしっかり練習すれば、英語をローマ字読みすることもほとんどなくなるのではないでしょうか。

　全国共通のDVD教材を使えば、担任の先生の負担も少なくてすみますし、学校によって格差が出る心配もありません。小学校で発音記号と英語の音をマスターすれば、英語を聴き取る力も目に見えて向上すると思います。

Q 英語と日本語の音はどう違うの?

A 英語には日本語にはない音がたくさんあります。口の形や舌の位置、息の出し方がまったく違うのです。

英語の「ア」は1つではない

　日本語の「あ」の音は1つしかありませんが、英語にはいろいろな「ア」があります。口を大きく「エ」のように開けて出す音や、驚いたときの「アッ」のように短く強い音など、日本人の私たちが普段出している「あ」の音とはどれも違います。

　例えば、apple「アップル」<ǽpl>、up「アップ」<ʌ́p>、art「アート」<ɑ́ː(r)t>、earth「アース」<ə́ː(r)θ>は、カタカナで表すと全部「ア」になりますが、英語ではまったく別の音です。もちろん発音記号も違いますから、英語を話す人たちはそれぞれ異なる音として区別します。

　他にも、歯と歯の間に舌をはさんだり、舌を口の中の天井につけたり、つけなかったり、日本語にはない音の出し方がたくさんあります。そういった音を出すためには、いつもは使わない舌の筋肉も動かさなければなりません。最初は大変ですけれど、筋トレのつもりで何度もくり返し練習してください。そうすればきっと英語の音に近づけます。漢字の読み方を覚えるように、英単語のスペルと音を一つひとつ結びつけていきましょう。

0章　英語についての素朴な疑問　21

英語には子音だけの音がある

　日本語の音は、母音だけ、または子音＋母音で成り立っています。ところが、**英語の音には子音だけというのがあって、これが日本人にはとてもやっかいです。**

　母音は「ア a・イ i・ウ u・エ e・オ o」のことで、それ以外の音が子音です。日本語というのは、ア行とンをのぞいて、すべて子音＋母音の組み合わせになっています。「カ」の音は、k という子音に a という母音がくっついているので、ローマ字だと ka。「柿の種」は ka ki no ta ne、「日本語」は ni ho n go、「英語」は e i go 。日本語では、母音の「ア・イ・ウ・エ・オ」と「ン」以外は子音＋母音で、子音と子音が連続したり、子音だけで終わったりすることはありません。

　ところが英語では、子音と子音が連続することも、単語が子音で終わることも、ごくあたりまえのことなのです。さきほど、英語の take は「テイク」と読むと言いましたが、実は最後の「ク」の音は、子音の <k> だけです。スペルには e という母音がついていますが、発音記号は <teik> となり、<k> のあとに母音はありません。

　子音の <k> の発音は、日本語の「ク ku」から「ウ u」を取った音に似ています。子音というのは、空気がどこかにこすれて出る音です。<k> は、のどの奥の方でこすれたような音を出します。ちょっと試してみましょう。「ク」とはっきり言ってはいけませんよ。うまく出せますか？

Q 英文法なんて必要ない？

A いいえ、もちろん必要です。文の仕組みを知るために、文法はなくてはならない道具のひとつです。

ルールを知らなければ試合に出られない

アメリカ人やイギリス人は文法など知らなくても英語を使いこなしているのだから、**英語学習に文法など必要ない、と乱暴なことを言う人がいますが、それは大間違いです！**

くり返しますが、日本語を母語として話し、日本語に囲まれて生活している私たちは、英語を外国語として学ぶのです。母語というのは、気がつくと歩けるようになり、また走れるようになるという運動能力に似ています。個人差はありますが、たいていの人にとっては、自然に、なんの努力もなく身につく力です。

でも、スポーツとなると話は違います。外国語を身につけるための文法は、スポーツの競技ルールのようなものだと考えてください。ルールを知らずに試合に出るわけにはいきません。同じように、文法を学ばずに外国語である英語を使うわけにはいかないのです。もちろん、ややこしい文法用語や説明を暗記して、文法の間違いをまったくなくすことが目的ではありません。文法はあくまでも英語を理解するための道具です。

0章　英語についての素朴な疑問

ルールを覚えたら練習あるのみ

　日本語と英語は、サッカーと野球のように違います。サッカーをやっていた人が、野球選手を目指そうと決めたら、どうするでしょう？　まずは野球のルールを覚え、あとはひたすら野球の基礎練習を重ねるのではないでしょうか。

　野球とサッカーでは、ルールも違えば使う筋肉も違います。一流のサッカー選手だった人も、いきなりエースや4番バッターにはなれません。トレーニング法も一からやり直さなければならないでしょう。日本語と英語も同じです。**理屈だけわかっても、口や耳が英語を理解できるように動いてくれなければ、まったく使いものにならないのです。**

　英語の文法に、「名詞が単数の時は名詞の前にaを置き、複数になったときは名詞の最後にsをつける」というのがあります。つまり、1冊の本（book）なら a book、2（two）冊なら two books です（☞P139）。このルールを頭でわかっていても、慣れないうちは誰でも a や s をつけ忘れてしまいます。そんなルールは日本語にはないのですから、間違えるのは当然です。でも、意識して何度も練習すれば、だんだん慣れてきて、つけ忘れる回数は減っていきます。練習を重ねることで、ヒットやホームランを打てる確率が上がるのと同じです。でも、どんなに頑張っても10割バッターにはなれません。英語の文法も、100パーセント正しく使える人などいませんし、そんな必要はないのです。もちろん英語の先生をしている私も間違えます。英語を母語としているネイティブだって完璧とは言えません。日本語のネイティブである私たちが、日本語をいつも正しく使っていないのと同じです。

Q どの国の英語が標準語なの？

A 現代英語に標準語はありません。伝統的なイギリス英語があり、新しいアメリカ英語があり、さらに国際語としての英語があらゆる国にあるのです。

国際語としての英語

英語を公用語として使っている国は、イギリスをはじめ、アイルランド、アメリカ、カナダ、オーストラリア、ニュージーランド、インド、シンガポール、フィリピンなど、70カ国以上あると言われています。でも、すべての国でまったく同じ英語が使われているわけではありません。

発音には国や地域独特のなまりがありますし、単語の意味や使い方にもずれがあります。例えば、エレベーターはアメリカでは elevator ですが、イギリスでは lift（リフト）ですし、the first floor（建物の1階）は、アメリカではそのまま1階を指しますが、イギリスでは2階のことになります。（1階にあたるところは the ground floor「地上階」で、2階部分から1階、2階と数えていくのがイギリス式です）。日本の中でさえ、東京と大阪、10代の女の子と60代の男性など、地域や年齢によって、使われる日本語にずいぶん差があるのですから、世界中のさまざまな国の人が話している英語には、想像もつかないほどの違いがあって当然です。

それぞれの国の中である程度「標準語」とされるものがあったとしても、特定の国の英語を世界の「標準語」とすることはできません。

かつてはイギリスの国営放送 BBC の英語が「標準」とされ、世界中で英語を勉強する人たちの目標であり、憧れだった時代も

ありました。でも今は、BBCのアナウンサーにもそれぞれの出身地のアクセントがあり、それを隠そうとしないと言われています。

社会人の英語能力を測るテスト、TOEIC（トーイック）でも、2006年からは、アメリカ人に加え、イギリス人、オーストラリア人、カナダ人の話者をリスニング（聴解力）セクションの問題に採用するようになりました。いろいろな国の英語を理解できなければ、国際語としての役割は果たせない、ということですね。

中学英語が基本

「標準語」がなく、地域差があるからといって、互いに理解し合えないわけではありません。**どの国の英語にも共通する基本の文法、単語、発音はあります。中学英語で身につけるのは、そういった基本の英語です。**

単語の順序、現在形や過去形、進行形などの動詞の時制、名詞の単数と複数などなど、中学英語でカバーする文法（☞P4）は、英語を使うときに必要な最低限のルールです。中学英語には何一つ無駄なものはありません。だからこそ、中学英語をきちんと身につければ、国際語としての英語の土台をしっかり固めることができるのです。

◇トーイック（TOEIC）って何？◇

　トーイック（TOEIC）は、英語コミュニケーション能力を判断する社会人向けのテストで、正式名称は、**Test of English for International Communication**（国際コミュニケーションのための英語試験）です。1979年に日本からの要請で米国の**NPO**である**ETS**（**Educational Testing Service** 教育試験サービス）が開発した民間資格試験ですが、今や多くの企業が社員の英語能力をTOEICのスコアで判断するようになり、一般の受験者も年々増えています。

　職場でのやりとり、地域活動やレジャーなど、社会人が関わるあらゆる事柄をテーマに、リスニング（聴解力）セクションとリーディング（読解力）セクションそれぞれ100問ずつ、計200問を2時間で解きます。スコアは独自の偏差値で計算され、満点は990点、全問不正解でも0点にはなりません。過去問は公開されていませんが、実際のテストに最も近い『TOEICテスト新公式問題集』が発行されています。

　トーフル（TOEFL）と呼ばれるテストもありますが、こちらは**ETS**が運営している**Test of English as a Foreign Language**（外国語としての英語試験）で、非英語圏出身者がアメリカやカナダの大学に入るときに必要な英語能力を判定する試験です。

　また、実用英語技能検定試験（英検）は、日本で最も長く行われている英語の検定試験です。文部科学省の後援を受けている公的資格で、1963年から（財）日本英語検定協会によって実施されています。初級の5級から1級まで、準2級と準1級を含め、7つの級があり、その合否は、筆記テストとリスニングに加え、英語の面接によって判断されます。

0章　英語についての素朴な疑問

Q ネイティブみたいに話せないとダメ？

A そんなことはありません。「ネイティブの英語」＝「正しい、きれい、かっこいい」というのは思い込みです。

「ネイティブみたいな英語」という落とし穴

　ネイティブみたいに英語を話すことは、必ずしも正しい英語や感じのいい英語を話すことではありません。

　英語の「ネイティブ」というのは、英語を母語として話している人たちのことで、日本人の私たちは、もちろん日本語のネイティブです。といっても、漢字を正しく読めるとはかぎりませんし、言葉の使い方がおかしな人もたくさんいます。

　英語のネイティブもまったく同じです。みなさんが思い描く「きれいな英語」を話す人ばかりではありません。間違いだらけの英語や、みょうになれなれしい話し方しかできない人もいます。国や地域、生活環境や年齢によっても、それぞれ話す英語は違うのです。

　「ネイティブの英語」という宣伝文句に誘われて、やみくもに飛びついたり、なんとなく憧れたりしないでください。特に学校や教材など、お金がかかるようなときは危険です。どこのどんな英語かわからないうちは、お手本として目指すわけにはいきません。

目指すは、自分らしい国際語！

　中学英語で目指すのは、母語としての英語でも、特定の国の英語でもありません。世界の共通語、国際語としての英語です。

　ローマ字読み、カタカナ読みでない英語らしい発音をすることは大事ですが、完璧に正確な発音を目指す必要はありません。英語の音の出し方を覚え、くり返し練習し、それでも日本語なまりが抜けないのはごく自然なことです。どうか日本語っぽい英語を恥ずかしがったり、引け目を感じたりしないでください。発音が良いからといって、話している内容が素晴らしいとはかぎりませんし、発音が日本人っぽくても、話の中身で相手を引きつけられる人はたくさんいます。大人になってから英語に再挑戦する方は、貴重な経験や知識をおもちのはずです。英語を使うときは、そういったものをぜひ生かしてください。

　アメリカ人のようにも、イギリス人のようにもなる必要はありません。発音も、文法も、お手本通りにいかなくて大丈夫です。「標準」の英語がないのですから、それぞれが「自分の英語」を磨いていけばいいのです。

　海外生活も長く、英語が自由に話せる日本人ビジネスマンの中には、外国の会社と仕事をするとき、わざと日本語なまりの英語を話す人もいるそうです。そのほうが好感を持たれ、仕事がしやすくなるのだとか。そういえば、日本で活躍する外国人タレントも、外国語なまりの日本語が人気の秘訣ですね。

　「ネイティブの英語」にまどわされず、日本人らしい英語、自分らしい英語を堂々と話しましょう！

Q 英語はどうやったら話せるようになるの？

A 毎日のように英語を話す場があれば、その人の英語力に応じて必ず話す力は上達します。

「話す」ことは簡単で難しい

　「話し言葉」というのは、日本語でも英語でも、「読んだり書いたりする言葉」に比べるとずいぶん簡単です。

　話すときはそれほど難しい単語は使いませんし、間違えても言い直しができます。それに文法の間違いなど、会話の中では誰も気にしないものです。例えば、複数名詞にsをつけ忘れても、意思の疎通には何の問題もありません。みなさんが日本語を話すときのことを考えてみてください。いつも正しい日本語で話していますか？　例えば日本語を話す外国の人が、「本を1枚買いみした」と言ったとしても、その人が「本を1冊買った」ということは十分理解できますよね。

　ただ「話し言葉」というのは、本来話す環境が日常的にある中で少しずつ上達していくものです。もしみなさんが日本に暮らしていて、ほとんど英語を話す機会がないのであれば、どんなに英会話教室のレッスンで練習を重ねても、上達を実感することは難しいでしょう。

　現実の社会では、それこそありとあらゆる英語話者がいます。間違った英語を使う人もいるでしょうし、発音も教科書通りというわけにはいきません。もちろん、気の合う人もいれば、なんとなく苦手な人もいて、話しやすかったり、話しにくかったりするはずです。もともと口数の少ない日本人ですから、外国語になるとさらに無口なるのも当然でしょう。「話し言葉」は気楽で簡単だと申し

上げましたが、実際の会話をうまくこなすのは、語学力とは別の意味でとても難しいのです。

「英会話」の前に「英語力」

　英語を毎日のように話す必要がないのであれば、英会話を習うよりも、まずは英語の基礎力を身につけることを考えましょう。

　英語を読んでも聞いても理解できるように、そして、声に出せるようにしておくことが大切です。会話力アップには実践あるのみというのは、みなさんもわかっていらっしゃると思います。話す機会さえあれば、その人の英語力（そして性格！）に応じて会話はできますし、経験を重ねれば、自然に、それなりに上達していくものです。

　誰かと会話をするのは、多くの場合、相手とより良い関係を築くためだと思います。英語を正しく話すことが目的ではありません。目の前にいる相手と意志や心を通わせること、会話を楽しむことが最優先です。「ああ、英語で何て言ったらいいんだろう…」と考え込んで、みけんにシワが寄っていませんか？　人の表情は言葉よりも多くのことを相手に伝えてしまいますから、気をつけましょう。

　駅などで困っている外国の人を助けたり、旅先で買い物をしたりするには、しっかり体にしみこんだ中学英語と度胸さえあれば、きっと大丈夫です！

もう一歩　街中や観光地で、道に迷っているような外国の人を見かけることはありませんか。そんな時は、勇気を出して話しかけてみましょう。中学英語でも、十分、コミュニケーションできますよ。

0章　英語についての素朴な疑問

●声をかけましょう。

Do you need help? Are you all right?

(お手伝いしましょうか？ 大丈夫ですか？)

Have you lost your way? Where do you want to go?

(道に迷っているのですか？ どこへ行きたいのですか？)

●わかりやすく助けてあげましょう。

Not this way, go that way.

(こっちじゃありませんよ、あっちのほうです)

＊必ず手で方向を示してあげてください。

It's on the other side.

(反対側ですよ)

I'm going there too. You can come with me.

(私もそこへ行くところです。ご一緒にどうぞ)

●相手の言葉や、場所がよくわからない時は。

Excuse me? Can you say that again?

(えっ、何ですか？ もう一度言ってもらえますか？)

I'm sorry. I don't know that place.

(ごめんなさい。その場所は知りません)

OK then. I'll go and ask someone.

(じゃあ、誰かに聞いてきますね)

Maybe taking a taxi is the best way.

(タクシーで行くのが一番かもしれませんよ)

　旅先で困ったときに親切にされると、本当にうれしいものです。身ぶり手ぶりを使って、なんとか手助けしてあげましょう。

1章

鉄則①

英語は語順で理解しましょう

　さて、ここからはいよいよ本題です。実際に英語の文を目の前にしたとき、どこに注目して、どんなふうに理解すればいいのか、そのコツをお伝えしていきたいと思います。

　英語の勉強が始まると、みなさんの前にたくさんの英語が現れます。初めは、単語だけが並んでいて、文も短く簡単そうに見えるかもしれません。でも、そのうち文はどんどん長くなっていきます。

　例えば、こんな文に出会ったとしたら、どうですか？

Ken ate a banana on the train yesterday morning.

　まだ英語を習い始めたばかりの人には、わけのわからない暗号にしか見えないかもしれませんね。この英文が伝えようとしていることを知るためには、その暗号を解かなければなりません。でも、いったいどこから手をつけたらいいでしょう？

　そこに登場するのが英語の鉄則です。これからお話しする3つの鉄則は、英語という暗号を解くカギです。まずは鉄則①のキーワード、英語の「語順」について考えてみましょう。

英語の語順とは？

　語順というのは、その名の通り、単語が並んでいる順番のことです。英語の文では、この順番がきちんと決まっています。ですから、前から後ろへ順序よく、語順通りに理解していくと、とてもわかりやすいのです。**語順は英語という暗号を解くための最も重要なカギと言えます。**

　どういうことなのか、実際に英文を見ながら一緒に「語順で理解」してみましょう。下に英文を２つ書きました。どちらもよく見かけるタイプの文です。どんな言葉がどんなふうに並んでいるのか、ひとつずつ確認していきましょう。

（1）I study English.

（2）English is interesting.

　まずは（1）の I study English. ですが、I という単語で始まっていますね。I というのは、文の語り手本人のことを表す単語です。日本語なら「私」にあたります。これが文の先頭に来ているので、この文では、「私」が主語。つまり、話している本人が主役であり、「私」について何かを伝えようとしていることがわかります。日本語にするなら、「私は」か「私が」になります。（「私を」とか「私に」とか「私の」には決してなりません）。

　２番めに並んでいるのは、**study** です。これは、「勉強する」という動作を表しているので、動詞と呼ばれています。勉強するのは主語の I ですから、この文は、語り手本人が勉強する、ということを伝えているのです。

英語は語順

3番めの単語は English で、これは「英語」のことです。
　I study が「私は勉強する」という意味だとわかれば、「何を勉強するのかな？」と考えます。English がそのあとにあれば、「この語り手は英語を勉強するんだ！」と理解できるわけです。
　どうですか？　語順通りに意味を考えていくことができましたか？
　では次に、(2)の例文、English is interesting. の語順を確認してみましょう。最初の単語は、English「英語」ですね。今回は先頭に来ていますから、English が主語で、この文は、英語のことについて何かを伝えようとしていることになります。つまり、「英語は」か「英語が」となるはずで、(1)の文のように「英語を」にはなりません。
　2番めの単語は、is。これは、be 動詞（ビー動詞）と呼ばれる動詞です（☞P158）。特別な動作を表してはいませんが、動詞として英語の文で大活躍します。色々な意味や働きをする be 動詞ですが、ここでは主語がどんなものか、どんなふうかを伝えています。ですから English is で、「英語っていうのはね…」という意味になり、「英語って、何なの？」と、ここでもあとに来る単語がとても気になるのです。
　その気になる単語は、interesting です。これは、主語になったものが「興味深い、おもしろいものだ」という意味なので、English is interesting. は、「英語はおもしろい」と伝えています。
　同じ English「英語」なのに、文の中の位置によって、「英語は」になったり、「英語を」になったりするのですから、英語の語順はあなどれません。

1章　鉄則①　英語は語順で理解しましょう　35

語順通りに理解していくと、主語は何だろう、何をするのだろう、どんなふうだろう、と気になることをどんどん解決しながら読み進んでいけます。謎解きみたいでおもしろいですね。

　英文を理解するときは、語順がいつでも心強い味方になってくれることを、どうか忘れないでください。

　（語順はいつでも強い味方！）

単語と文

　英語を学び始めるとすぐに、「英単語」や「英文」という言葉が出てきます。語順で理解するときに欠かせない、単語と文について少し考えてみましょう。

　例えば日本語の場合、「私は英語を勉強する」というのは１つの文で、その中に、「私」、「は」、「英語」、「を」、「勉強」、「する」という単語があります。ばらばらに並べたら何のことかわかりませんが、単語をきちんと組み合わせると、意味のある文になるのです。

　それでは、英語はどうでしょう。「私は英語を勉強する」という意味を伝える英文は、I study English. です。この英文は、I と study と English という３つの単語からできています。I は「私」、study は「勉強する」、English は「英語」をそれぞれ表す英単語です。日本語の文とどこが違いますか？

　まずは、単語と単語の間にスペースがありますね。そして、日本語の「は」や「を」にあたるもの、単語と単語を結びつけるものが英語には見あたりません。もちろん単語の数も違います。

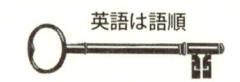

言うまでもありませんが、**英語は日本語とはまったく違う仕組みをもつ言葉です。**もしすべての日本語が英語に1対1で置き換えられたとしたら、どんなに楽でしょう。でも、それは夢物語。**日本語と英語の単語に、意味や使い方が一致するものは100パーセントないと思ってください。**ですから、同じことを伝える文でも、日本語と英語では単語の数も何もかもが違うのです。

　もう一歩 中学英語では、3年間で英単語を1000語くらい覚えることになります。ずいぶんたくさんあると思うかもしれませんが、心配はいりません。よく使う単語は何度もくり返し出てきますから、忘れたくても忘れられなくなります。それに、忘れた単語は何度でも覚え直せばいいのです。英単語の暗記は漢字の書き取りのようなものです。読み方と、意味とスペルを、書いて声に出して、頭にたたき込むしかありません。眠っている間に覚えられるとか、ただ聞いているだけで頭に刷り込まれるとか、そんな都合のいい魔法はありません。うまい話には必ず落とし穴がありますから、気をつけてください。

　ただ1つコツがあるとすれば、単語は文や言い回しの中で覚えるということです。例えば、**study** なら、**I study English.** という英文ごと覚えます。**morning**（朝・午前）なら、**in the morning**（午前中に）という言い回しで記憶しましょう。そのほうが、単語だけをばらばらに覚えるよりもずっと効率よく頭に入ります。

　文や言い回しで覚えると、その単語の使い方も同時に身につけられるので、一石二鳥ですね。

英語の語順は決まっている

　例外や不規則ばかりの英語ですが、語順だけはとても規則的で、よっぽどのことがないかぎり変わりません。だからこそ語順は、英文を理解するときの頼もしい味方になるのです。

　日本語の場合を考えてみましょう。「私はバナナを食べる」という文は、「バナナを私は食べる」と語順を変えることもできますし、「私は食べるバナナを」とさらに語順を変えても意味は通じます。なぜなら日本語には「は」や「を」など、つなぐ単語があるからです。「私」と「バナナ」に、「は」と「を」がきちんとついていれば、たとえ語順が変わっても、日本語では「だれが」「何を」するのかを伝えられ、混乱することはありません。つまり、日本語は、語順よりも「て・に・を・は」（助詞）が大事なのです。

　ところが、英語には「は」や「を」にあたるものがありません。そのかわりに語順をしっかり固定し、その単語が文の中でどの位置にあるかで、「〜は」なのか、「〜を」なのかを伝えるのです。ですから、語順を変えてしまうと、意味が通じなくなったり、まったく逆の意味になったりします。日本人の私たちは、つい語順に甘くなりがちなので、くれぐれも気をつけましょう。

　さて、ここで問題です。ケン (Ken) とエリ (Eri) がけんかをしました。どうやら相手を蹴とばしたようです。さて、蹴った (kicked) のはどちらでしょう？　次の英文を見て考えてみてください。

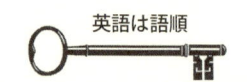

英語は語順

Eri kicked Ken.

　わかりましたか？　蹴ったのはエリですね。文の先頭は Eri ですから、動詞 kicked の主語は Eri で、蹴ったのはエリに間違いありません。英語の語順で訳すと、「エリは / 蹴った / ケンを」になります。

　Eri と Ken を逆にして、Ken kicked Eri. にしたら、どうですか？　これでは意味も逆さになって、ケンがエリを蹴ったことになってしまいます。蹴った人が間違って伝わったら、蹴られたほうはたまりませんね。やったのは誰なのかを間違えないためには、語順をしっかり見きわめることが大切です。

　英語を理解するときは、まず Eri という文字を見たり、その音を聞いたりした時点で、「あ、エリが何かするんだな」と考えるようにしてください。そして、kicked が来たら「へえ、何かを蹴ったんだ」と思い、あとに Ken が続けば「えー、ケンを！」と理解します。こうして前から後ろへ順番通りに理解していけば、文の意味を取り違えることはないはずです。

もう一歩 英語で語順を変えるというのは、あえて普段と違うことをするわけですから、ちゃんと目的があります。例えば、相手に問いかける疑問文や、「まあ、なんて！」とびっくりしたり、強調したりするときです。きちんと決まった語順を変えることで、普通の文とは違いますよ、今から質問しますよ、驚いているのですよ、と文頭から表現しているのです。

では、例文を見て、語順の変化を確認してください。

普通の文　English is interesting.
　　　　　　「英語はおもしろいです。」

疑問文　Is English interesting?
　　　　　　「英語はおもしろいですか？」

感嘆文　How interesting English is!
　　　　　　「英語はなんておもしろいのだろう！」

さらに一歩 日本人は語順に甘いせいでしょうか、英語を話すときも、つい思いついた言葉から並べてしまいがちです。例えば、「英語を勉強する」や「東京へ行く」などの文を話そうとするとき、どうしても English や Tokyo を文の最初にもってきたくなります。そうすると、どうなるでしょう？　英語を話す人たちは、先頭に来た単語を自動的に主語として理解してしまいますから、「英語を」、「東京へ」のつもりが、「英語は…」、「東京が…」と伝わってしまうのです。そして、次に動詞の study や go が来たとしたら、「英語は勉強する」、「東京が行く」となってしまい、何を言いたいのかわからなくなってしまいます。

英語を話すときも、書くときも、細かい文法を間違えたからといって、意味がまったく通じないことはないでしょう。でも、語順の間違

いはそうはいきません。英語が相手に通じない最大の理由は、語順に問題があるのかもしれませんよ。

日本語と英語の語順の違い

　日本語と英語の語順は、ほとんど正反対と言っていいくらい違います。
　では、実際にどのくらい違うのか、さっそく例文で確かめてみましょう。日本語と英語、そして、英語の語順通りの訳を書きました。

　　　日本語：　　私はバナナを食べる。
　　　英語：　　I eat a banana.
　英語の語順訳：　私は / 食べる / バナナを

　どうですか？　「私は」は同じですが、「バナナ」と「食べる」の位置が逆ですね。つまり「ほとんど正反対」というわけです。
　日本語では「食べる」が最後に来ていますが、英語は「私は食べる」が「バナナ」より先に来ています。つまり、日本語では「何は / 何を / どうする」というところを、英語では「何は / どうする」と先に言ってから「何を」をつけ足すのです。
　「私は食べる」、「私は読む」、「私は話す」、「私は勉強する」と、英語は先に宣言してしまいます。一方日本語は、「私はバナナを…」と思わせぶりに話を切り出し、それをどうするのか、どうしないのか、最後まで明らかにしません。「何はどうだ」と先に結論を言ってしまう英語の語順のほうが、いさぎよくて、わかりやすいと思いませんか？

1章　鉄則①　英語は語順で理解しましょう　　41

もう一歩 中学 1 年生の教科書では、たいてい **My name is Eri.**「私の名前はエリです」や **This is my house.**「これは私の家です」という文が最初に出てきます。つまり、

My / name / is / Eri.　　　　This / is / my / house.
私の　名前　は　エリ　　　　これ　は　私の　　家

なので、日本語と英語の語順に違いはなく、英単語と日本語が 1 対 1 で置き換えられるかのように思えます。実際そう思いこんでしまう中学 1 年生はとても多く、「英語ってこんなものか！」と軽く考えてしまいがちです。

　でも、日本語の「〜は」が、いつも is というわけではありません。そして、英語と日本語の語順は、文が長くなればなるほど違いが大きくなります。そのことをどうか忘れないでください。

さらに一歩 英語は not「〜ではない」という否定を表す言葉も最初の方に置きます。例えば、

I / **do not** study / English.　（私は / 勉強しません / 英語を）

日本語では「私は英語を勉強しません」となり、やっぱり最後まで聞かないと、勉強するのかしないのかわかりませんね。実は、否定だけでなく、相手に問いかけているのか（疑問文）、相手を誘っているのか、相手に何かを頼んでいるのかも、英語は文頭でわかります。

疑問：**Does Ken** study English?　　　ケンは英語を勉強しますか？
誘い：**Let's play** baseball!　　　　　　　　　　野球をしましょう！
依頼：**Can you** open this bottle?

　　　　　　　　　　　　　　　　このビンを開けてもらえますか？

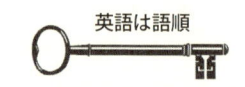

ちょっと練習　例のように日本語の文を英語の語順に直しなさい。

（例）私は英語を勉強する。→（私は / 勉強する / 英語を）

（1）私は野球を練習する。→（　　　　　　　　　　　　）
（2）私は学校へ行く。　　→（　　　　　　　　　　　　）
（3）私は毎日朝食にバナナを食べる。
　　　→（　　　　　　　　　　　　　　　　　　　　）

　最後の問題は文が長いので、少し迷ったかもしれませんね。答えはこうなります。

私は毎日朝食にバナナを食べる。
　　　　　→（私は / 食べる / バナナを / 朝食に / 毎日）

英語にすると、I / eat / a banana / for breakfast / every day.
です。

　日本語は文が長くなればなるほど、主語の「何は / が」と動詞の「どうする」が遠く離れてしまいますね。ところが、英語はどんなに文が長くなっても、「何はどうする」、「何がどうした」が離れることはありません。
　こんなにも語順が違うので、英語を書いたり話したりするときに日本語で考えようとすると、こんがらかってしまうのですね。

1章　鉄則①　英語は語順で理解しましょう　43

もう一歩 I eat a banana. の a は、そのあとに来る物や人が、「ひとつ」「ひとり」ということを表します。a banana ですから、1本のバナナということですね。こんなふうに英語では、物や人が単数（ひとつ・ひとり）なのか、複数（ふたつ・ふたり以上）なのかはとても大きな問題です。（☞P139）

文の先頭は主語と動詞

　英語の文では、「何は/何が」にあたる単語と「どうする/どうした」にあたる単語が必ず先頭にあります。つまり、いちばん大切なこと、相手がいちばん知りたいであろう結論が何より先に伝えられるのです。

　この「何は」や「何が」にあたるものが主語、「どうする」や「どうした」にあたるものが動詞です。英語の文を見たら、真っ先に主語と動詞を確認しましょう。

　　I eat a banana.（私は/食べる/バナナを）
という文ならば、I（私）が主語で、eat（食べる）が動詞です。つまり、この文では主語のIが、eat という動作をすることを伝えています。

　主語と動詞がないと、英語は文として成り立ちません。英文を見たら、まずは主語と動詞をチェックし、英文を作るときは、とにかく主語と動詞で始めましょう。主語と動詞さえあれば、何を伝えたいのかはっきりします。

　英語を話すときも、このことを忘れないでください。まずは、I eat ...「私は食べる」、I go ...「私は行く」、I study ...「私は勉強する」と言いましょう。そのあとがつかえてしまっても大丈夫です。会話の相手が、「何を食べるの？」、「どこへ行くの？」、

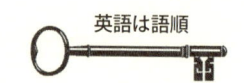

英語は語順

「何を勉強するの?」と、きっと聞いてくれます。そうやって会話のキャッチボールをしていくことができれば、何の問題もありません。何はともあれ、英語の文は主語と動詞で始めましょう！

もう一歩 英語は大切なことがいつでも最初に来ると思っていてください。大事なことを最後にとっておく日本語の世界で生きている私たちは、どうしても文末に意識がいってしまいがちです。でも、英語は文頭が命。英語を読むときも、聞くときも、必ず文頭に意識を集中させましょう。

文の最初にある主語と動詞だけでなく、長文の第一段落、段落の最初の文も、それぞれいちばん大事なことを語っていることが多いのです。

さらに一歩 英語の動詞はいろいろな形に変化します。そして、その形によって、主語がいつどんな時間の流れの中で動いたのかを伝えます。いつもすることなのか、今現在していることなのか、過去からずっと続いていることなのか、もう終わってしまったことなのか、などなどです。英語は、こういった時間の流れにとことんこだわる言語だということを頭に入れておきましょう。(☞ P166)

主語と動詞の意味を理解するときには、特に動詞の形に注意してください。

I eat --------. は単純な現在形で、習慣的な動作を表します。つまり、「私は習慣として（何かを）食べる」ということですね。

I am eating --------. は現在進行形で、「私は（何かを）今食べているところだ」という、実際にしている動作を伝えています。

I ate --------. は過去形で、「私は（何かを）食べた」という意味です。何を食べるのか、食べているのか、食べたのか、それはいつなのか、

1章　鉄則①　英語は語順で理解しましょう　　45

それぞれ文の続きが気になりませんか？　もし気になるなら、英語を語順で理解し始めてきた証拠です！

ちょっと練習　例と同じように、主語と動詞に印をつけなさい。

(例)　|I| study English.

(|私は| 英語を勉強する。)

> 主語を囲って
> 動詞に下線を引く

(1)　Ken goes to school.

(ケンは学校へ行く。)

(2)　My friends and I practice baseball.

(友だちと私は野球を練習する。)

(3)　The shop opens at ten.

(その店は 10 時に開く。)

(4)　Kyoto and Nara have a lot of temples.

(京都と奈良にはたくさんの寺がある。)

(5)　The earth goes around the sun.

(地球は太陽のまわりを回っている。)

【答え】

(1)　|Ken| goes to school.

(|ケンは| 学校へ行く。)

英語は語順

（2） My friends and I practice baseball.

（友だちと私は野球を練習する。）

（3） The shop opens at ten.

（その店は10時に開く。）

（4） Kyoto and Nara have a lot of temples.

（京都と奈良にはたくさんの寺がある。）
＊ have は「持っている」とよく訳されますが、こんなふうに場所が主語になると、「…に〜がある」という意味になります。

（5） The earth goes around the sun.

（地球は太陽のまわりを回っている。）
＊ go は「行く・進む」という意味ですが、ここでは around 「〜のまわり」との組み合わせで「回る」という意味になっています。

　いろいろな主語と動詞が出てきましたね。教科書や問題集に出てくる英文の主語と動詞にも印をつけてみましょう。どんなときも主語と動詞が文頭に来るかどうか、自分の目で確かめてみてください。もし主語と動詞が見つからないときは、きっと何か理由があるはずです。

もう一歩 主語がないときの例として、**Open your textbooks.** という文があります。最初の **open**（開く）が動詞で、そのあとに「何を」にあたる **your textbooks**（あなたがたの教科書）が続いています。これは「命令文」といって、相手に「こうしなさい」と指示を出したり、ちょっとした頼みごとをしたりするときに使う文の形で、このとき主語はつけません。**Open your textbooks!** は、「教科書を開きなさい！」と、先生が生徒によく言うせりふですね。

主語と動詞の後に来るもの

　主語と動詞は、メインディッシュのようなもので、そのあとには、いろいろな「つけ合わせ」が続きます。「私は食べる」のあとには、「何を？」「どこで？」「いつ？」といった、当然気になる情報がつけ足されていくのです。

　「何がどうする」という主語と動詞をしっかり理解できたあとは、気になることをどんどん問いかけるように読み進めましょう。例えば、「私は食べる」ときたら、「何を？」→「バナナを」となります。そのあとは、「どこで？」「いつ？」と、文が続くかぎり答えを求めていってください。

Ken ate a banana on the train yesterday morning.
この英文を使って、英語の語順で一緒に意味を理解していきましょう。（この章の始めに同じ文がでてきました。覚えていますか？）それぞれの文の色がついたところに注目してください。

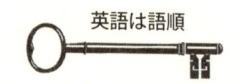

英語は語順

Ken ate a banana on the train yesterday morning.

　主語と動詞の意味は「ケンは食べた」ですね。動詞が、eat ではなく、ate という過去形になっているのに気づきましたか？ すぐに気づいた方はさすがです。でも、ここで安心してはいけませんよ。文はまだまだ続きます。いったい、ケンは何を食べたのでしょう？

Ken ate a banana on the train yesterday morning.

バナナを食べたのですね。では、どこで食べたのでしょう？

Ken ate a banana on the train yesterday morning.

なんと電車です！　いったい、いつ？

Ken ate a banana on the train yesterday morning.

　昨日の朝でした。電車でバナナを食べるなんて、マナー違反にならないのでしょうか。しかも朝なら満員電車だったかもしれません。ケンに一言注意したくなりますね。
　英文を最後まで読み解いたら、この文は何を伝えたいのか、話のオチやつっこみどころは何なのかを考えましょう。英語がぐっと身近に感じられるはずです。

1章　鉄則①　英語は語順で理解しましょう　49

英文というのは、主語と動詞のあとに必要な情報がどんどんつけ足されていくものだ、というのがわかりましたか？　主語と動詞（何がどうする/何はどうだ）の意味がわかったら、「何を？」、「どこへ？」、「どこで？」、「いつ？」、「どんなふうに？」、「だれと？」、「どのくらい？」など、気になる情報を問いかけるように読み解いていきましょう。

もう一歩　英文を理解するときには、その状況が目に見えるようにイメージすることも大切です。つまり、Ken ate という主語と動詞を理解するときに、「ケンは食べた」という文字だけでなく、頭の中でケンという男の子が何かを食べた姿を想像するのです。そのあと a banana と来たら、ケンの手にバナナを1本握らせます。（a がついているということは、1本のバナナですからね）。こんなふうに英文を映像化する習慣をつけておくと、英語の文を読んだり聞いたりしたとき、意味が的確に素早く理解できます。そして、相手の意図にきちんと反応できるようになるのです。

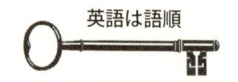

英語は語順

ちょっと練習　例にならって、問いかけの言葉を入れなさい。

英語の語順で理解するための問いかけ練習です。ここでは主語と動詞の後に続くつけ足しの言葉に注目してください。

(例)　I eat / rice and fish.
　　　私は 食べる　→　(何を？) ご飯と魚を

(1)　Ken goes / to school.
　　　ケンは 行く　→　(　　？) 学校へ

(2)　My mother and I practice / baseball.
　　　母と私は 練習する　→　(　　？) 野球を

(3)　I ate / rice and fish / last night.
　　　私は 食べた / ご飯と魚を　→　(　　？) 昨晩

(4)　Ken goes / to school / by bus / with Eri.
　　　ケンは 行く / 学校へ　→　(　　？) バスで
　　　　　　　　　　　　　　　(　　？) エリと

(5)　My mother and I practice / baseball / very hard.
　　　母と私は 練習する / 野球を
　　　　　→　(　　？) とても一生懸命に

【答え】
（1）どこへ？　（2）何を？　（3）いつ？　（4）どうやって？　だれと？　（5）どんなふうに？

　英語を語順通りに理解すれば、確実に早く、無理や無駄なく英文を読み解くことができます。せっかく先に結論を明かしてくれる英文を、いちいち日本語の語順に直して理解するのは、ずいぶん遠回りだと思いませんか？　英語は英語の語順通り、何よりもまず主語と動詞を理解する習慣をつけましょう。そのあと、抜けている情報を次々解き明かすように読み進めれば、文のポイントを見失うことはありません。

　短い文であれば、語順など関係なく簡単に意味がわかってしまう人もいるでしょう。でも、文がだんだん長く、ややこしくなってきたら、そうはいきません。文が短くて簡単なうちに、英語の語順で理解する良いクセをつけておきましょう。

　語順通りに理解できれば、英文を聞いて理解するのもずっと楽になります。英語の語順はみなさんの味方です。どんなに文が長く複雑になったとしても、英語の語順で理解することを忘れなければ、心配いりません。

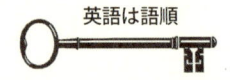

英語は語順

2章 鉄則②
英語は意味のまとまりで考えましょう

　鉄則①では、英語の語順がどんなに大切かをお話ししました。またその語順の中でも重要なのは、最初に来る主語と動詞で、そのあとにさまざまな情報がつけ足されていくこともわかっていただけたと思います。2章では、さらに英文を理解しやすくするためのコツ、「意味のまとまり」についてお話しします。

意味のまとまりとは？

　文というのは、日本語でも英語でも、いくつかの意味のまとまりで成り立っています。例えば、

英語は多くの国々で外国語として学ばれています。

という文を、みなさんはどんなふうに理解しますか？

英語は　多くの国々で　外国語として　学ばれています

というように、小さなまとまりごとに理解していませんか？ この小さなまとまりが、意味のまとまりです。あるまとまった

意味を表す「いちばん小さな言葉のかたまり」と言ったほうがわかりやすいでしょうか。

　実は、このまとまりが見えていないと、文の意味はとてもわかりにくいのです。すべて平仮名で書くと、そのことがよくわかります。

えいごはおおくのくにぐにでがいこくごとしてまなばれています。

　どうですか？　これでは、どこからどこまでが何を意味しているのか、すぐに理解することはできませんね。では、こうしたらどうでしょう？

えいごは　おおくのくにぐにで　がいこくごとして　まなばれています。

　同じ平仮名だけの文でも、意味のまとまりをはっきりさせると、ずいぶん読みやすくなります。(こうした書き方は「わかちがき」といって、平仮名しか使わない小さな子ども向けの絵本などでよく見かけます)。

　平仮名だけでは読みづらいので、日本語は、漢字やカタカナを始め、読点（,）やかぎ括弧（「　」『　』）、などを使って意味のまとまりをはっきりさせ、文の意味をわかりやすくしているのです。

　では、英語はどうでしょう？　もちろん英語の文でも、意味のまとまりが見えていないと、文の意味を正しく理解することはできません。ただ英語は、**I study English.** のように、単語ごとに「わかちがき」されているようなものなので、1語がそ

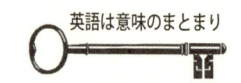

れぞれ意味のまとまりになるときは、すべて平仮名の文よりはわかりやすいと思います。

　でも、文が長くなるとそう簡単にはいきません。ひとまとまりが2語以上の場合、それがどこからどこまでなのか見分けるのはやっかいです。例えば、こんな文を見たら、どうですか?

My brother and I study English grammar very hard.

　これでは、平仮名だけの日本文を見たときと同じように、とまどいますね。でも、慣れれば意味のまとまりがきちんと見えるようになります。そうなれば、文の意味はずっと理解しやすくなるのです。

　先ほどの文は、次のようなまとまりでできています。

| My brother and I | study | English grammar | very hard. |
| 兄と私は | 勉強する | 英文法を | とても一生懸命に |

これで、だいぶわかりやすくなりましたね。
　英語には、日本語の漢字やカタカナのようなものはありませんし、わかちがきもしません。でも、文をわかりやすくする強い味方、信頼できるものはあります。何だと思いますか?
　そう、鉄則①の語順です。意味のまとまりを見分けるときも、語順は強い味方なのです。

2章　鉄則②　英語は意味のまとまりで考えましょう　55

いろいろな意味のまとまり

　それでは、英語の意味のまとまりにはどんなものがあるのか、どうやって見分けるのかを確認していきましょう。

　英語の文というのは、たいてい先頭から、主語のまとまり、動詞のまとまり、「何を」にあたるまとまり、場所や時などを表すまとまり、という順番で並んでいます。

　くり返しになりますが、「まとまり」というのは、意味を表す単語の集まりのことです。もちろん、1語だけでひとまとまりになる場合もありますし、長い文では10語くらいつながっているときもあります。

　では、いろいろな例文で確認してみましょう。

　まずは主語と動詞と「何を」のまとまりが、それぞれ1語の場合です。

　　I　study　English．
　　私は　勉強する　　英語を

　次の文では、「何を」のまとまりが3語になっています。

　　I　study　English and math．
　　私は　勉強する　　英語と数学を

　さらにつけ足し情報がある文を見てみましょう。場所と時のまとまりが見つかりますか？

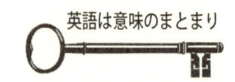

| I | study | English and math | at the library | every day |.
私は　勉強する　　英語と数学を　　　　図書館で　　　毎日

主語のまとまりが長くなることもありますよ。

| Junior high school students | study | English | very hard |.
　　　　中学生は　　　　　　　　　　勉強する　英語を　とても一生懸命に

動詞のまとまりが2語以上になる場合もあります。

| I | am reading | a book |.
私は　読んでいます　　本を

この am reading という形は1章でも少し紹介しましたが、「現在進行形」といって、今現在行っている動作のことを表します。(☞P45、P167)

このように意味のまとまりごとに理解していけば、その文の伝えたいことが、すっきりと頭の中に入ってくるはずです。そして、意味のまとまりがわかっていれば、知らない単語が出てきてもあわてなくてすみます。

例えば、I use an abacus for calculation. という文で、abacus と calculation という単語がわからなかったとしましょう。文頭の主語と動詞は、I use なので、「私は使う」という意味です。ということは、an abacus は「何を」のまとまりだとわかります。abacus を使うわけですが、いったい何のために？　もちろん、calculation のためです。

2章　鉄則②　英語は意味のまとまりで考えましょう　57

つまり、|私は使う| |abacus| を |calculation のために| という具合に、わかる単語と意味のまとまりで文の意味をつなげていくことができます。こうして文を意味のまとまりで理解してから単語の意味を調べましょう。

　abacus は「そろばん」のことです。何のために使うのかと言えば、もちろん、「計算」ですよね。つまり、「私は計算にそろばんを使う」。より自然な日本語にすると、「私はそろばんを使って計算する」になります。

　知らない単語が出てきたときは、あわてて意味を確認する前に、それが文の中でどんな意味のまとまりになっているのか考えてみましょう。そうすれば、何がわからないのかがはっきりして、知りたい気持ちが高まります。

　abacus や **calculation** という見慣れない単語の意味をなんとなく調べるのではなく、「何を何のために使うのだろう？」という問いかけの気持ちを持ってください。知りたいという思いが高まれば高まるほど、答えがわかったときの感動は大きくなります。そうして覚えたことは忘れにくいものです。

もう一歩 日本語でも英語でも、はっきりした意味を持つ単語と、それ自体にはあまり明確な意味のない単語があります。例えば、「英語」、「多く」、「国々」はどうですか？ 意味がはっきりしていますよね。でも、そういった単語をつなぐ「は」や「の」や「で」には具体的な意味はありません。ですから、必ず意味のはっきりした単語につけ足して使われます。

　英単語にも同じようなことが言えます。**eat**（食べる）や **banana**（バナナ）、**breakfast**（朝食）、**train**（電車）などは意味がはっきりし

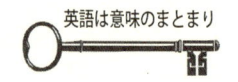

た単語ですけれど、a や the、for や on などは、それ自体に明確な意味はなく、やはり単独では使いません。つまり、a banana や for breakfast、on the train のように、意味のある他の単語と一緒になってまとまりを作るのです。(☞P130〜P138)

意味のまとまりを組み合わせる

　英語の文というのは、意味のまとまりの組み合わせでできています。ですから、意味のまとまりを部品に見立てて、順序よく上手に組み立てさえすれば、英語らしい文ができあがります。

　主語のまとまりにあたるものは主語の位置に、動詞のまとまりにあたるものは動詞の位置に、ぴったり合うようにはめ込んでいきましょう。くれぐれもはめ込む位置を間違えないでください。部品を違う場所に入れてしまうと機械が動かなくなるように、意味のまとまりの順序がずれると、わけのわからないおかしな文になってしまいます。

　それでは、まとまりを上手に組み合わせ、英文を作る練習をしてみましょう！

ちょっと練習1　例文を参考にして、文を3つ作りなさい。

いろいろな組み合わせができますが、

主語のまとまり + 動詞のまとまり + 「何を」のまとまり + その他のまとまり の順番は変えないでください。

主語のまとまり

I　　My father and I　　Junior high school students
私　　　父と私　　　　　　　　　　　　中学生

Ken and Eri　　Ken and his friends
ケンとエリ　　　　ケンと友人たち

動詞のまとまり

study　　practice　　eat　　drink　　read
勉強する　練習する　　食べる　飲む　　読む

「何を」のまとまり

English and math　　soccer　　hamburgers　　milk
英語と数学　　　　　サッカー　ハンバーガー　　牛乳

ice cream　　apple juice　　music magazines
アイスクリーム　りんごジュース　音楽雑誌

その他のまとまり

at school　　at the library　　at home
学校で　　　図書館で　　　　　家で

in my room　　before breakfast　　after school
自分の部屋で　朝食前に　　　　　　放課後に

英語は意味のまとまり

after dinner	in the morning	at night
夕食後に	午前中に	夜に

every day	for dinner	very hard	with friends
毎日	夕食に	とても一生懸命に	友人たちと

（例）主語のまとまりから I 、動詞のまとまりから eat 、
「何を」のまとまりから hamburgers 、その他のまとまりから
for dinner を選んで、

I eat hamburgers for dinner.

(1) _____

(2) _____

(3) _____

2章　鉄則②　英語は意味のまとまりで考えましょう　61

ちょっと練習2　日本語の文と同じ意味の英文になるように、単語を並べ替えなさい。

このような問題は、学校のテストでもよく出されます。コツは、まず日本文の主語と動詞のまとまりに印をつけ、英文の出だしを決めることです。その後いろいろな情報をつけ足していきましょう。練習1に出てきた意味のまとまりを参考にしてください。

（例）　ケンと友人たちは 放課後にサッカーを 練習します 。
< practice / friends / and / school / after / Ken / soccer / his >

まずは主語と動詞ですから、「ケンと友人たちは練習します」という文を作ります。その後に「サッカーを」、「放課後に」をつけ足せばできあがりです。

Ken and his friends　practice　soccer　after school .

（1）私は毎日リンゴジュースを飲みます。
　　< day / apple / I / every / juice / drink >

（2）ケンとエリは図書館で英語と数学を勉強します。
　　< library / Eri / the / study / Ken / at / English / math / and / and >

（3）私は夕食後に音楽雑誌を自分の部屋で読みます。
　　< dinner / magazines / my / read / music / room / I / in / after >

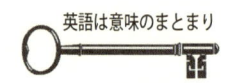

英語は意味のまとまり

【答え】

(1)「私は飲みます」の後に、「リンゴジュースを」「毎日」をつけ足しましょう。

I | drink | apple juice | every day .

(2)「ケンとエリは勉強します」の後に、「英語と数学を」、「図書館で」。

Ken and Eri | study | English and math | at the library .

(3)「私は読みます」の後に、「音楽雑誌を」、「自分の部屋で」、「夕食後に」。＊英語では、たいてい場所のまとまりが、時のまとまりよりも先に来ます。

I | read | music magazines | in my room | after dinner .

🍀

　英語で文を作るときは、日本語を英語にそのまま置き換えようとしてもうまくいきません。日本語でもきちんとした文を書くのは大変なのですから、外国語の英語ではなおさらです。でも、お手本の文に合わせて意味のまとまりを順序よく組み合わせていけば、必ずきちんとした英文が作れます。何ごとも、良いお手本を真似ることが最高の上達法です。

意味のまとまりは文の切れ目

　文というのは、長くなればなるほど一気に読むのは大変です。そんなときは、どこかに切れ目を入れると読みやすくなります。意味のまとまりは、その目安にもなるのです。

　もちろん日本語の文にも切れ目はあります。例えば、「私は学校に行きます」なら、どこに切れ目を入れますか？　意味のまとまりが見えていれば、「私は / 学校に / 行きます」と入れられるはずです。でも、日本語を勉強し始めたばかりで、意味のまとまりが見えていないと、「私 / は学校 / に行きます」（「わたし / はがっこう / にいきます」）となってしまうかもしれません。これでは、いったい何を言いたいのか、わかりませんね。

　英語も同じです。意味のまとまりの途中で切って読むと、「にいきます」のような、わけのわからない文になってしまいます。ちゃんと意味が通じるように、気持ちのいいところですぱっと切るようにしましょう。

　慣れてきたら、まとまりを何個かくっつけてしまってもかまいません。意味のまとまりさえそこなわなければ、切れ目の位置は自分の理解しやすいところが正解です。

　例えば、Ken and I go to school by bus. という文なら、どこに切れ目を入れますか？

Ken and I / go to school / by bus.　でもいいですし、
Ken and I go to school / by bus.　でもかまいません。

　たとえ切れ目が入っていなくても、頭の中ではそれぞれの意味のまとまりをちゃんと見分けていてくださいね。

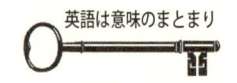

| ちょっと練習 | 例文 (1) 〜 (3) を参考にして、(4) と (5) の文に (/) を入れなさい。 |

英語の語順訳にも（/）を入れ、最後に自然な日本語に並び替えてみましょう。

まずは語順訳！

（1） I study / English.
　　私は勉強する / 英語を
　　（私は英語を勉強する）

（2） I study English / at the library / every day.
　　私は英語を勉強する / 図書館で / 毎日
　　（私は毎日図書館で英語を勉強する）

（3） Junior high school students / study English / very hard.
　　中学生は / 英語を勉強する / とても一生懸命に
　　（中学生はとても一生懸命に英語を勉強する）

（4） Ken and his friends practice soccer after school every day.
　　ケンと 友人は 練習する サッカーを 放課後 毎日
　　（　　　　　　　　　　　　　　　　　　　　　　　）

（5） I read music magazines in my room after dinner.
　　私は 読む 音楽雑誌を 自分の部屋で 夕食後に
　　（　　　　　　　　　　　　　　　　　　　　　　　）

2章　鉄則②　英語は意味のまとまりで考えましょう　65

長い文を読むコツ

　英語を読むときは、文の切れ目をうまく使って、少しずつ読み進める習慣をつけましょう。

　全文をなんとなく一気に読んではいけません。まずは最初の切れ目まで読み、じっくり意味をかみしめてください。そして次の切れ目、次の切れ目と少しずつ分量を増やすように読み進み、最後の切れ目を読み終えたら、もう一度最初に戻って読み直します。こうして前から後ろへ語順通りに、何度も何度もくり返し読んでいると、英語が体にしみこむようにわかってくるはずです。

　間違っても日本語の語順に合わせて後ろから意味を取っていこうとしないでください。よく日本語の訳文をノートにきれいに書いて、すっかり満足してしまう人がいますが、日本語に訳したからといって、本当に英文を理解したとは言えません。あくまでも英語の語順で、意味のまとまりを見分けながら、切れ目ごとに理解していくことが大切です。英文を語順通りに読み進み、日本語にいちいち置き換えなくても文の意味がくみとれるまで、何度も読みこんでください。

　こうした文の切れ目は、英語を声に出して読むときにも重要な役目を果たします。声に出すときも、意味のまとまりの途中で間を入れては絶対にいけません。切れ目で間を取り、息継ぎをしましょう。おかしなところで間を入れると、あのぞっとする日本語、「にいきます」のようになってしまいますよ。

英語は意味のまとまり

もう一歩 英語教育の現場では、訳読といって、「英語を日本語の語順に訳し直して理解する」という考えがあります。つまり、主語は最初に訳すにしても、そのあとは後ろのほうから前に戻るように理解するやり方です。でも、これではせっかくの英語の語順が生かせませんし、いちばん大切な主語と動詞の「何が」と「どうする / どうだ」も遠く離れてしまい、文の意味がぶれてしまいます。

自然な日本語にするのは、英語の語順でしっかり理解したあとにしましょう。英文を英語の語順で十分に理解してからのほうが、ずっといい日本語訳ができるはずです。（翻訳の仕事をするときも、原文をどれだけ読みこんでいるかが重要になります。英文を英語のまま十分に理解していなければ、いい訳文はできません）。

会話文なら、キャラクターに合わせて言葉づかいを工夫したり、関西弁など、お国言葉で訳すのも楽しいと思いますよ。

さらに一歩 I am looking for a person who can teach me Chinese.

これは、中学レベルでは一番むずかしい関係代名詞（人を表す名詞の代わりをする who）を使った文です。

ややこしそうに見えますか？　でも英語の語順で読み解けば大丈夫。では、一緒に意味を確認していきましょう。

この文の主語は I（語り手）で、動詞は am looking（現在進行形 ☞ P167）です。look は「注意してよく見る」という意味の動詞ですが、その後に for ~（ここでは a person）が来ると、「~を探す」という意味になります。つまり、この語り手は、ある人（a person）を探しているのです。一体どんな人を探しているのでしょう？　who の後にその説明があるはずです。who can ということは、その人が何かできるということで、teach me とありますから、語り手（me）に

2章　鉄則②　英語は意味のまとまりで考えましょう　67

教えられる人のようですね。何を？　かというと、中国語（Chinese）だということがわかります。

　それでは、切れ目を入れた英文と語順訳を確認してみましょう。

I am looking for a person / who can teach me / Chinese.
（私は人を探しています / 私に教えられる人です / 中国語を）

　英語の語順で意味がすっと頭の中に入ってきましたか？　文がどんなに長くなっても、複雑な文法の名前が出てきても、あわてず騒がず英語の語順で、少しずつ問いかけるように、意味をたどっていってください。そうすれば、難しい文法用語に左右されることなく、英文を正しく理解することができます。英語の語順で理解できたら、自然な日本語に直しましょう。
「私は（私に）中国語を教えてくれる人を探しています」

　関係代名詞などを使って、名詞の後ろにどんどん説明をつけ足していくのが英語の特徴です。修飾語を名詞の前にずらりと並べる日本語とは、これもまったく逆ですね。

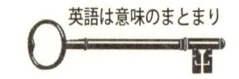

英語は意味のまとまり

3章

鉄則③
英語の音の法則を身につけましょう

　いよいよ最後の鉄則です。鉄則①と②で身につけた、「英語の語順」、「主語と動詞」、「意味のまとまり」、「文の切れ目」をしっかり意識して、英文を声に出して読みましょう！

　声に出して読むことを学習に生かす音読は、今あらためて注目を集めています。日本語を声に出して読みましょう、という本も出ていますし、声に出すことで脳が活性化される、という説もあるようです。もちろん英語学習にも、「音読」はあたりまえのように取り入れられています。私も中学生の頃、英語をよく声に出して読んでいました。それこそ教科書の隅から隅までそっくり覚えてしまうほど何度もです。こうして英語の仕事ができるようになったのは、そのときの音読のおかげが大きいと思っています。今も、教えなければならない英語のテキストや、翻訳する本の原文は必ず声に出して読むようにしています。わかりにくいと感じた文は特に念入りに音読します。

　英語にかぎらず、語学を勉強するときは、とにかく声に出さなければ意味がありません。体を動かさずにスポーツの練習をするわけにはいかないのと同じです。言葉というのは、目で見て読むだけでなく、耳で聞いて理解し、話してわかってもらうも

のです。文字と音が結びつかなければ、本当に使えるようにはなりません。

　目で見るだけで声に出さない回数よりも、声に出す回数のほうを必ず多くしてください。そうすれば、みなさんの口が英語を覚えてくれます。頭でいちいち考えなくても、口が動いてくれるようになれば、すばらしいですね。大きな声を出せないときは小さな声でもかまいません。声をまったく出せないときは、口だけ動かし、頭の中で音を響かせてください。(これは試験中に問題を解くときにも、かなり役立ちます)。

もう一歩　音読をするときは、必ずよいお手本を選びましょう。日本語の音読本でも「名文」とされているものを読むことをすすめていると思います。中高生なら、まずは英語の教科書から始めましょう。あとは、英語検定試験やTOEIC (トーイック☞P26) の問題文、英字新聞や雑誌の記事など、必ずプロの作家が書いたものを選んでください。

　間違っていることを示す例文や、自分で作文した英文は、なるべく声に出さないことです。間違った英語が体にしみこんでしまったら、取り返しがつきません。実際、自分で作った英文ばかりを声に出しているうちに、おかしな英語がしっかり身についてしまう人もいます。自分で英作文をする前に、「間違っていない」自然な英語をたくさん読んで、聴いて、声に出す練習を重ねましょう。

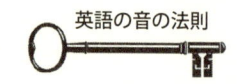

英語の音の法則

音の法則とは？

文が成り立つのにルール（文法）があるように、英語の音にもいろいろなルールがあります。

発音はもちろん、英語には強く読む音と弱く読む音があって、イントネーション（抑揚）やアクセント（強勢）がとても大事です。また、音と音がつながったり、消えたりもします。こうした音のルール、法則がわかっていないと、英語らしい読み方も、うまく聞き取ることもできません。逆に、こうした法則を知っていれば、自分で音読しやすく、相手の英語も聞き取りやすくなるはずです。

音読といっても、ただ英語らしく読むことが目的ではありません。音読しながら文の意味を理解することが大切です。ですから、**音読するときは、必ず英文を見てください。** そうすれば、文字を目で見て、口で音を出し、その音を耳で聴くことになります。視覚や聴覚を同時に刺激することで、英語をより効果的に理解していけるのです。

この章では、英語の音の特徴について、いろいろなことをお伝えしていきます。どれもとても大切なことですから、しっかり読んで英語学習に生かしてください。

もう一歩 I study English. という文字を見て、「私は英語を勉強する」という意味がわかったとしても、本当に英語が使えるようになったとは言えません。自分が英語を勉強していることを相手に伝えるためには、また、相手がそう言っているのを理解するためには、

I study English. がどんな音になるのかを知ることが必要です。日本語の漢字も、見て意味がわかるだけでなく、読み方がわからないと使えませんよね。「文字と意味と音」が結びついて初めて、その言葉が本当に「わかった！」と言えるのです。

日本語と英語は音も正反対

　日本語と英語の語順はほとんど正反対だというお話をしましたが、実は、音に対する感覚も、日本語と英語ではまったく逆です。

　とつぜんですが、みなさんは枝豆を食べますか？　私は枝豆が大好きで、夏になると毎日のように食べています。アメリカでもヘルシーな日本の枝豆は大人気で、冷凍ものがずいぶん出回っているようです。しかも、green soybeans ではなく、edamame として紹介されています。ただ、発音は日本語の「えだまめ」とはだいぶ違って、「エダ**マ**メ」と、「マ」をとても強く発音するのです。

　さて、みなさんは話している相手が「えだまめ」という言葉を聞き取れなかったとしたら、どんなふうにくり返しますか？　ほとんどの人は、「え・だ・ま・め」と、1語1語をゆっくり同じ調子で切るように音を出すのではないでしょうか。

　では、「エダ**マ**メ」をアメリカ人が同じようにくり返すとしたら、どうなるでしょう？　彼らは「マ」をさらに強めて「エダ**マ**ーメ」と言うはずです。これでは日本人のわたしたちには、ますます「枝豆」のこととは思えませんね。

　つまり、よりわかりやすくしようとする音の方向が、日本語と英語ではまさに正反対だということです。

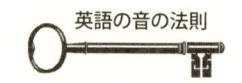

英語を話す人たちは、強弱のリズムの中で、強く発音される音をとらえて単語を理解しようとします。ですから、日本人のように、強弱なく平板(へいばん)に話されると、とらえどころがなくて、何を言っているのかわからなくなるのでしょう。

　逆に、英語圏の人たちが日本語を話すときは、「ワターシハ、アメーリカカラキーマシタ」と、どうしても強弱をつけたくなるのですね。

単語の中での強弱

　英語の単語には、1箇所だけ強く読むところがあります。どこを強く読むかを確認するには、音を聴いて判断するか、発音記号についているアクセント記号（´）を見てください。第2アクセントがあるときは、逆向きの記号（`）がついています。これは、第1アクセントの次に強めて読む印です。

　例えば、「週末の」weekend <wíːkènd> は、「ウイーケンド」のようになります。

　英語圏の人に、英単語を何度くり返しても通じないことがあれば、それは発音が悪いのではなく、アクセントが原因かもしれません。「枝豆」のところでも言いましたが、英語を話す人たちは、強く読まれる音を頼りに単語を認識します。ですから、日本語のように同じ調子で発音されたり、アクセントの位置が間違っていたりすると、言葉の意味が伝わらないことがあるのです。

　ハンバーガー屋さんのマクドナルド（McDonald's）へ行きたくて、アメリカの街で「マクドナルド！」と叫んでも、わかってくれる人はほとんどいないでしょう。「マック！」と省略する

3章　鉄則③　英語の音の法則を身につけましょう　　73

のは問題外です。マクドナルドの発音は、ちょっと無理してカタカナで表すと、「マク**ド**ナルズ」になります。(強く発音するドの音は「ダ」に近い音です。そして、最後は「ド」ではなく、英語では「ズ」になります)。

それでは、「ド」を最高に強めて声に出してみてください。どうですか？　いつもと違うマクドナルドになりましたか？

母音とアクセント

単語の中で強く読む音（アクセント）は必ず母音の上にあります。(母音というのは、吐く息がどこにもこすれることなく、のどの奥からそのまま出てくる音です。大きな声で、日本語の「アイウエオ」を発音してみてください。どこにもこすれていませんよね？)

run や **eat** など、母音が1つしかない単語の場合、アクセントがあるのは、そのたった1つの母音の上です。(教科書の巻末などに書いてある単語リストの発音記号には、母音が1つしかない場合、アクセント記号が省略されていることもあります)。

run の発音記号は、<rʌ́n>。アクセントは、このvを逆さまにした発音記号、強くて短い「ア」の音にありますから、一気に「**ラン**」と発音します。日本語風に「ラ・ン」とぶつ切りで読まないでくださいね。

eat は <íːt> で、アクセントは <i> の上です。これは日本語のイのような音で、となりにある <ː> は音を伸ばす印なので、「**イー**ト」と発音します。最後の「ト」の音は、子音の <t> だけ。日本語風に母音をつけて、はっきり「ト」と言っては英語の音に聞こえません。

母音が2つ以上ある場合は、そのうち1つにアクセント（あ

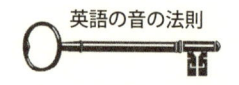

るいは第 1 アクセント）があります。例えば、**study <stʌ́di>** の母音は、**<ʌ>** と **<i>** ですが、アクセントがあるのは **<ʌ>** だけです。カタカナにすると「ス**タ**ディ」。出だしの「ス」は子音のみ。日本語の「ス」を出す直前の、空気がもれるようなかすれた音に似ています。

新しい単語が出てきたら、アクセントがどこにあるか、発音記号と実際の音声（先生や CD の発音）で必ず確認してください。確認できたら、アクセントのある音をできるだけ極端に強めて読む練習をしましょう！

文の中での強弱

単語の中で強く読む音があるように、文の中でも強く大きく読む単語と、弱く力を抜いて読む単語があります。当たり前のことですが、ちゃんと意味を伝えたい重要な単語は強く、そうでもない単語は弱く読むというのが原則です。

例えば、**I study / English / at the library.**（私は勉強する / 英語を / 図書館で）は、どの単語を強く発音すればいいでしょう？　正解は、**study / English / library** です。この 3 つがちゃんと発音できていれば、あなたが **英語を** **図書館で** **勉強する** ことは伝わります。

主語の I はどうして強くないかというと、その人が自分のことを語っていることがわかりきっているからです。日本語では、「私は」といちいち言わずに、主語を省略してしまいますね。英語では、省略しない代わりに、弱く、速く、力を抜いて、聞こ

えなくてもいいくらいの気持ちで発音するのです。

　ただ、「ケンは英語を勉強しませんが、私はします」と「私は」を強調したいときなどは、日本語でもちゃんと主語を入れますし、英語でも I を強く読むことになります。

　library の前にある **at** と **the** はどうでしょう。**at** は、「図書館で」の「で」のような働きをする単語です。こうした「つなぎ」の単語が強く発音されることは、まずありません。日本語でも、「図書館で」のように、「で」だけを大きく言う人はいませんよね。

　the は名詞の前につくもので、冠詞と呼ばれています。「その〜」と名詞を特定するときに使います（☞ P131）。この場合の「その図書館」は、いつも決まって行く図書館というくらいの意味です。そんなとき日本語ではいちいち「その」なんてつけません。英語でも、**the** をつけるにはつけますが、声に出して読むときは弱い音になるのです。

ちょっと練習　　次の英文を読みなさい。

　ケンの自己紹介スピーチ原稿を書いてみました。声に出して読んでみましょう。強く読む単語には下線を引き、文に切れ目（/）を入れてあります。意味のまとまりの途中で変な間を入れないためにも、慣れないうちは切れ目で十分に休んで意味をかみしめてください。同じ内容を自然な日本語でも書きました。英語と比べてみましょう。

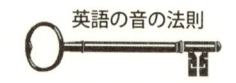

英語の音の法則

Hello! My name is Ken.
I am a junior high school student.
I live in Tokyo / with my family.
My father is an English teacher / and my mother is a math teacher.
I like soccer very much / and practice it / every day.
I want to become a professional soccer player / in the future.

こんにちは。ぼくはケンといいます。
中学生です。
東京で家族と暮らしています。
父は英語の教師、母は数学の教師です。
サッカーが大好きで、毎日練習しています。
将来は、プロのサッカー選手になりたいです。

🍀

　強く読む単語には、伝えたい特別な意味があるというのがよくわかりますね。ただ、弱く小さく発音するからといって、まったく意味がないわけではありません。そういった単語があるからこそ英語独特のリズムが生まれ、重要な単語の意味合いが印象的に伝わるのです。声に出して読むときは、強く読む単語に気持ちを込め、自分の伝えたいことに集中してください。文脈によっても、人によっても、強弱の度合いは変わります。お手本の音声を何度も聴いて、英語らしいリズムに慣れることが大切です。

> **もう一歩** My name is Ken. と I am a junior high school student. の文の動詞はそれぞれ is と am です。is は前にも出てきましたね。どちらも、もともとは be という動詞です。be 動詞（ビー動詞）は主語によって am / is / are と変化する特別な動詞で、文の中でいろいろな働きをします。ここでの働きは、A（私の名前）＝ B（ケン）のイコールのようなものです。be 動詞も単語と単語をつなぐもので、具体的な意味はあまりないので強く読まれません。（☞ P158）

つながる音と消える音

　英語が聴き取りにくい、あるいは、英語らしい発音ができない、というのには、強弱のリズムだけでなく、もう一つ大きな理由があります。それは、つながる音と消える音があることです。

　単語と単語が集まって文になると、一語一語を発音するときとはだいぶ違う音になって聞こえます。つまり、個々の単語の発音がわかっていても、となりの単語との組み合わせで音がどう変化するかを知らないと、とても聴き取りにくいのです。自然なスピードで話す英語に出会ったときは、つながる音と消える音に慣れているかどうかで、理解力にかなり差がつきます。消える音とつながる音のルールを知れば、英語を正しく聴き取り、英語らしく読むことへまた一歩近づけるはずです。

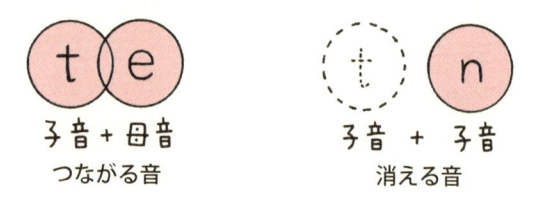

　　子音 + 母音　　　　　　　子音 ＋ 子音
　　つながる音　　　　　　　　消える音

英語の音の法則

> <つながる音の組み合わせ：子音＋母音>
> ある単語の最後が子音で終わり、次の単語が母音で始まる
> とき、前の子音と次の母音はつながります。

　子音というのは、吐く息がどこかにこすれて出る音です。それだけでは音としての存在感があまりありませんが、母音と一緒になると、はっきりした音になります。

　日本語の 50 音は、ア行と「ン」以外はすべて子音＋母音の組み合わせです。カ行をローマ字で書くと、ka / ki / ku / ke / ko というように、<k> という子音のあとに母音が続きます。

　一方、英語の単語は、子音＋母音の音や、母音だけの音に加えて、子音＋子音や、子音で終わる単語があります。そういった子音で終わる単語の次に、母音で始まる単語が来ると、子音と母音がくっついて、子音＋母音の音が生まれるのです。なんだかこんがらかってきましたね。では、具体例で確かめてみましょう。

　例えば、「8 時に」という意味の at eight という単語の組み合わせでは、a t eight（<ə t><é it>）のようにつながります。子音 <t> と母音 <e> で、<te> という音になるのです。つまり、「アット エイト」ではなく「アッ ト エイト」とつながり、「ア テイト」のように聞こえます。

　eight は具体的な数字を表していますから、強く読まれるべき重要な単語です。しかもアクセントは先頭にある母音の <é>。そのために、本来は弱くて消えてしまいそうな at の <t> が、アクセントのある母音との組み合わせで、はっきりした音

3 章　鉄則③　英語の音の法則を身につけましょう　79

になっています。

　at eight の音が「アット　エイト」だと思っている人が、「ア**テ**ィト」という発音に出会ったとき、聴き取れないのは当然です。（自然なスピードの英語では、誰も「アット　エイト」とは言ってくれません）。でも、at eight という文字と、「ア**テ**ィト」という音が一度結びついてしまえば、必ず聴き取れるようになります。べつに難しいことではありません。音を確認したら、真似(まね)して同じように発音してみてください。一度この確認作業をすれば、次は必ず聴き取れるようになるはずです。

<消える音の組み合わせ：（子音）＋子音>
単語の最後が子音で終わり、次の単語が子音で始まるとき、前の子音の音はほとんど消えてしまいます。

　例えば、「9時に」という意味の at nine<ət><náin> という組み合わせで考えてみましょう。このときは、a(t) nine のように、<t> の音がほとんど消えてしまいます。カタカナで書くと、「アット　ナイン」ではなく「ア・**ナ**イン」のようになります。

　こういった消えてしまう子音は、ただくり返し CD を流して耳をかたむけても、聞こえてきません。話し手がほとんど音を出していないのですから、聞こえるはずないのです。

　消えるといっても、音が出ないだけで、舌の位置や口の形はその子音を出す体勢を作ります。音は出なくても、at の <t> の舌の位置は、前歯の手前の上あご、つまり、口の中の天井につけます。ちょっとためる感じに間を置いてから nine の音を出すので、「アナイン」にはなりません。at の t が必ずそこにあることを意識して、「ア・**ナ**イン」と発音してみましょう。

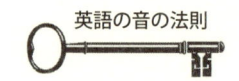

そうやって消える音を再現したあとで、もう一度 CD を聴いてみてください。不思議ですが、聞こえないはずの音が耳に残るはずです。それは、かすかな音が聴き取れるようになったというより、かすかな間が消えた子音を浮かび上がらせているのです。これは日本語の小さい「っ」に似ていると思いませんか？

　音は出ないけれど、日本人の私たちには小さい「っ」がそこにあることはちゃんとわかります。でも、外国の人には、そこに小さい「っ」があるのかないのかを聞き分けるのは難しいようです。「ちょっと待ってー！」と「ちょっと待てー！」を声に出してみてください。ニュアンスの違いを感じられるのは、かすかな間を聞き分けている証拠です。

ちょっと練習1　　次の英文を発音しなさい。

　みなさんがよく知っている英語のあいさつで、つながる音と消える音の簡単な練習をしてみましょう。つながると思うところに a|t e|ight のような印を、消える音には a(t) nine のような印をそれぞれつけて、発音してみてください。

（1）Good morning!

（2）Good afternoon!

（3）Good evening!

（4）Good night!

3章　鉄則③　英語の音の法則を身につけましょう　　81

【答え】
（1） Goo(d) morning! 「**グ**‥**モー**ニング！」
（2） Goo|d a|fternoon!「**グ**ダフタ**ヌー**ン！」
（3） Goo|d e|vening! 「**グ**ディヴニング！」
（4） Goo(d) night! 「**グ**‥**ナイ**ト！」

ちょっと練習2　次の文を声に出して読みなさい。

　先ほどのケンのスピーチ原稿に、つながる音と（消える音）の印を入れてみました。

Hello! My na|me i|(s) Ken.
I a|m a| junior high schoo(l) student.

I li|ve i|n Tokyo / wi(th) my family.
My father i|s a|n E|nglish teacher / an(d) my mother i|s a|
ma(th) teacher.

I li(ke) soccer very much / an(d) practi|ce i|t / every day.
I wan(t) to beco|me a| professiona(l) soccer player / in the future.

　単語が3つもつながった、is a|n English はうまく読めますか？　カタカナで書くと、「イザン<u>ニ</u>ングリッシュ」のようになります。
　name <néim> / live <lív> / like <láik> /practice

82　英語の音の法則

<præktis> / become <bikʌ́m> は、スペルの最後が母音の e で終わっていますが、これは発音しません。発音記号を見ると、どの単語も子音で終わっていますね。英語の音を知る手がかりは、スペルではなく、あくまでも発音記号だということがよくわかります。

🍀

　英語の音のルールはこれだけはありませんし、つながったり消えたりするルールにも例外がたくさんあります。同じ組み合わせだからといって、いつも必ず音がつながったり、消えたりするわけでもありません。読む速さや個人差、どこで切るかなどで、つながり具合も、消える度合いも変わります。ただ、原則として知っておけば、聴き取れないからといってあわてなくてすみますし、文字と音を結びつけやすくなるはずです。とにかく、実際に英語を自分の耳でよく聴き、何度も声に出して確かめてください。

これだけは知っておきたい発音記号

　さて、読む練習を重ねるうえでやっかいなのは、日本語にはない発音です。外国語の音というのは、母語の日本語に似た音があれば楽に真似ることができます。でも母語にない音は、なかなかうまく出せませんし、うまく出せない音ですから、簡単に聴き取ることもできません。

　ドイツ語を習っていたときのことですが、フランス人のクラスメートが、「私」という意味のドイツ語、Ich（イッヒ）がうまく発音できずに、ずっと「イック」のように言っていたのを覚えています。フランス語には「ヒ」という音がないので、どうしてもうまく発音できなかったようです。こうしたことは、どの国の言葉にもあることで、日本人の私たちにも苦手な音があるのはあたりまえです。ですから割り切って練習を重ね、少しずつ英語らしい発音に近づけていきましょう。

　ここでは、日本語にはない英語の発音、日本人にとってまぎらわしい音を選び、発音記号と一緒にまとめました。同じカタカナで表されても、英語では違う音になるので気をつけてください。すべて正確に発音できなくてもかまいません。まずは、英語の音の出し方（舌や歯の位置や息がこすれる場所など）を知った上で、カタカナ読みとの違いを感じてください。初めはうまく出せない音も、何度もくり返し練習すれば、きっとうまく出せるようになります。発音は、根気よく、そして気楽に取り組むことが大切です。

　音の出し方を言葉でイメージするのは難しいと思いますが、英語の音を知る最初の一歩のつもりで読み進めてください。

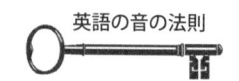

母音

英語の母音の主なものは、カタカナにすると「ア」になるものが5つ (æ/ʌ/ə/a/ɑ)、「イ・ウ・エ」になるものが1つずつ (i/u/e)、「オ」になるものが2つ (o/ɔ) あります。ここでは、「ア」の発音の中で特に日本語と違う3つの音、<æ> と <ʌ> と <ə> を取り上げます。(残りの2つの「ア」と2つの「オ」、「イ・ウ・エ」は、とりあえず日本語の音で代用しておきましょう)。

「ア」

<æ>　　apple <ǽpl> リンゴ
　　　　bag <bǽg> バッグ
　　　　Japan <dʒəpǽn> 日本

　アルファベットの a と e を背中合わせにくっつけたような不思議な記号ですね。その形の通り、これは「ア」と「エ」の中間のような音を表しています。めいっぱい大きく「エ」の口をして「ア」の音を出してみてください。アヒルかなにかの鳴き声みたいに聞こえませんか？ 少し長めに、しっかり発音するのがコツです。

　この音の代表選手は、リンゴの **apple**。では、「アップル」の「ア」を発音してみましょう。アクセントがありますから、強い「ア＋エ」になります。小さい「ッ」を入れずに、「ア(エ)プル」です。**bag** は日本語のバッグより少し長めに「バ(エ)グ」、**Japan** は後半にアクセントがありますから、「ジャパ(エ)ン」のようになります。

3章　鉄則③　英語の音の法則を身につけましょう　85

<Λ>
run <rʌ́n> 走る
bug <bʌ́g> 虫
lunch <lʌ́ntʃ> 昼食

　vを逆さまにしたこの記号は、**短く強い「ア」の音**です。びっくりして「アッ！」と言ったときのように、口の奥から勢いよく音を出してください。口はそんなに大きく開けなくても大丈夫です。
　走るという意味のrunがこの発音です。では、素早く駆け抜けるように、「ラン！」と言ってみましょう。虫という意味のbugは「バグ」。「バーグ」にはならないでくださいね。昼食のlunchもこの音です。短く強く言えますか？

<ə>
earth <ə́:(r)θ> 地球
America <əmérikə> アメリカ
Japan <dʒəpǽn> 日本

　今度はeを逆さまにした記号です。これは、**口を小さくぼんやり開けて出す、「ア」とも「エ」ともつかない音**の印です。
　我々が住む「地球」earthの出だしがこの発音です。カタカナ読みの「アース」では通じないので、なんとか英語に近づけてみましょう。口を小さくぼんやり開けて、のど奥からうめくような音を出してみてください。（この音の後に<(r)>が入るのはアメリカ的な発音です。のどを震わせてよりうめく感じになります）。
　この母音に音を伸ばす記号（ː）がついてないときは、とても軽く短く発音されます。例えば、Americaの出だしです。アクセントは「メ」にありますから、最初の「ア」はほとんど聞こえないほ

英語の音の法則

86

ど軽い音になります。さきほどの **Japan** の前半もこの音でした。アクセントのある音を際立たせるように、軽く発音してくださいね。

子音

　子音の多くは、単独で発音されると空気がもれるような音しかしません。**吐く息をいったん舌や歯、唇でせき止めてから外に出したり、口の奥でこすりように出す音、それが子音です。**息をどこでせき止め、どのように外にもらすか、どこで摩擦させるかで、いろいろな音になります。

　英語ではまったく違う音なのに、同じカタカナで表す子音は特に注意してください。子音の発音のせいで英語が相手に通じにくいことも多いのです。どうかめんどうがらずに、唇、舌、歯の位置と、息の流れに意識を向けて、発音練習をしてみましょう。

fá:ðə(r)
mʌ́ðə(r)

3章　鉄則③　英語の音の法則を身につけましょう

「サ/ザ」行

<s>
sea <sí:> 海
sell <sél> 売る
soup <sú:p> スープ

　この記号はアルファベットと同じ形で、**母音をともなうと日本語の「サ」行に最も近い音**になります。舌の先を上の前歯のつけ根に近づけ、口の中の天井と舌の間から薄く息をもらしてください。日本語のサ行とは、息のもれ方がちがいます。
　典型的なのは、「海」の **sea**。カタカナで書くと、「シー」よりも、「スィー」に近いイメージの音になります。

<ʃ>
she <ʃí:> 彼女
shop <ʃáp> 店
seashell <sí:ʃèl> 貝殻

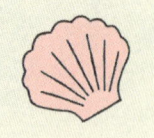

　この s を縦に伸ばしたような記号は、前の <s> とは親戚のようなもので、**母音をともなうと、「シャ・シ・シュ・シェ・ショ」に近い音**になります。
　唇をとがらせ、上下の前歯の先だけを合わせるようにして、歯の間から息をもらします。親戚とはいえ、息がもれる場所が違うので、注意してください。
　では、「彼女」の **she** を発音してみましょう。静かにしてほしいとき、人さし指を唇にあてて「シッ!」とやる、あの感じです。カタカナで書けば、「海」と同じ「シー」ですが、口の形も、空気がもれる位置も違います。この2つの発音はきっちり区別できるよ

英語の音の法則

うにしたいですね。次に、お店の shop「ショップ」を英語らしく発音してみましょう。最後の「プ」を子音だけの音にすることがポイントです。出だしは「ショ」ではなく、「シャ」に近い音で大きくしっかり発音してください。カタカナのショップとはだいぶ違いますね。seashell は、前半が <s> の音、後半が <ʃ> の音なので、「スィーシェル」という感じです。あとで早口言葉にも出てきますから、よく練習しておきましょう。

<θ>　thank <θǽnk> 感謝する
　　three <θríː> 3
　　math <mǽθ> 数学
　　breath <bréθ> 息

ずいぶん変わった形の記号ですね。これも母音をともなうと、カタカナ表記は「サ行」になります。でも、日本語の「サシスセソ」とは似ても似つかない発音です。

まず、上下の前歯の間に舌先を軽く挟んでみてください。そして、舌先を口の中へ引くと同時に、**舌と上下の歯のすき間から空気をもらします**。舌を引く瞬間に、歯を舌から離すようにすると、やりやすいかもしれません。(この記号、舌が歯と歯に挟まっている形に見えなくもないですね)。

では、「ありがとう」の Thank you. を英語の発音で言ってみましょう。カタカナだと、「サンキュー」ですね。出だしの「サ」は、<θ> の発音と、母音の <æ> の組み合わせです。アクセントのある母音 <æ> に感謝の気持ちをたっぷり込めて発音してください。

単語の最後が <θ> の音で終わる場合は、舌を歯と歯の間に挟んだままで終了です。すき間から空気がわずかにもれるだけで、音

3章　鉄則③　英語の音の法則を身につけましょう　89

はほとんど出ません。では、先ほどの earth を、もう一度、最後の音にも注意して発音してみましょう。数学の「マ(エ)ス」の「ス」、息の「ブレス」の「ス」も同じです。

> <ð>　father <fάːðə(r)> 父親
> 　　　mother <mʌ́ðə(r)> 母親
> 　　　breathe <bríːð> 息をする

　これは、<θ>の濁った音を表す発音記号です。似たもの同士なのに形がだいぶ違いますね。でも、音の出し方はまったく同じで、カタカナ表記は、もちろん「ザ行」です。

　「お父さん」の father「ファーザァ」の「ザ」も「お母さん」の mother「マザァ」の「ザ」もこれです。必ず舌を歯にはさんで発音してみてください。どうですか？　英語っぽくなりましたか？

　この発音が最後に来たときは、<θ>のときより少し音が出ます。「息」の breath「ブレス」と動詞の breathe「ブリーズ（息をする）」を例にあげました。両方を声に出して比べてみてください。

ひと休み　早口言葉！　<s>と<ʃ>

英語では早口言葉のことを、舌（tongue）がよじれる (twist) という意味で、tongue twister といいます。（日本語では「舌を噛む」ですね）。では、典型的な英語の早口言葉を紹介しましょう。<s>と<ʃ>の違いに気をつけて挑戦してみてください！

She sells seashells by the seashore.
シー　セルズ　スィー　シェルズ　バイ　ザ　スィーショー
<ʃ> <s>   <s>   <ʃ>   <s> <ʃ>

（彼女は海辺で貝を売る）

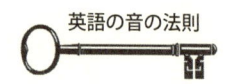

英語の音の法則

「ハ/バ/パ」行

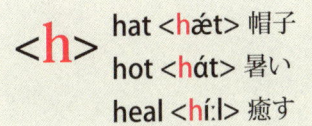

<h>
hat <hǽt> 帽子
hot <hɑ́t> 暑い
heal <híːl> 癒す

これはそれほどむずかしい音ではありません。**母音をともなうと、ほとんど「ハ」行で大丈夫です。**では、「帽子」**hat** の発音をしてみましょう。あとに来る母音 **<æ>** に気をつけてください。口を「エ」の形に大きく開けて「ア」と言うのでしたね。カタカナでは「ハット」と書きますが、実際にはエの音を混ぜて少し長めに、「**ハ**(エ)ト」のような音です。

<f>
fat <fǽt> 脂肪
feel <fíːl> 感じる
telephone <téləfòun> 電話
laugh <lʌ́f> 笑う

これは、**母音をともなうと「ファ・フィ・フ・フェ・フォ」に近い音**です。

まずは上の前歯を、下唇の外に出ている部分ではなく、口の中に近いところにのせてみてください。そして、吐く息を前歯でせき止めます。できましたか？　**そのたまった息を、前歯と下唇の間からもらすときに出るのが <f> の音**です。

では、「脂肪」や「太っている」という意味の **fat** という単語を発音してみましょう。**fat** と先ほどの **hat** は１文字違いです。**<h>** と **<f>** の音の違いを意識して、両方続けて発音してみてください。

> \<v\>　very \<véri\> とても
> voice \<vɔ́is\> 声
> love \<lʌ́v\> 愛・愛する

　これは \<f\> の濁った音です。母音をともなうと「バ」行になりますが、\<b\> の発音と区別して、「ヴァ・ヴィ・ヴ・ヴェ・ヴォ」と表記されることもあります。

　では、とてもよく使う「とても」という意味の単語、very を発音してみましょう。空気をためて、「とっても！」という気持ちを \<v\> の音に込めてください。

　\<v\> は、よく英語らしい発音の代表のように扱われますが、この音をただ「下唇を噛む」発音だと思っていませんか？　唇を噛んでもこの音を出すことはできません。\<f\> のところでも書いたように、ちゃんと吐く息をいったん止めてから、ためた息を前歯と下唇の間から、こするようにもらすことが大切です。

> \<p\>　pat \<pǽt\> 軽くたたく
> pot \<pát\> 鍋
> pig \<píg\> ブタ

　この発音はそんなに複雑ではありません。**母音をともなうと「パ」行に近いのですが、日本語の音より元気に弾けた音になるのが特徴です。**

　音を弾けさせるためには、やはり息をためることがポイントになります。いったん唇を閉じて、口元に空気をためてみてください。その空気をポンッと弾くように外に出すと \<p\> の音になります。

では、「軽くたたく」という意味の pat を発音してみましょう。ついでに、pat、hat、fat と続けて、どうぞ！

<b>　berry <b**é**ri> ベリー
　　　bat <b**æ**t> バット・コウモリ
　　　big <b**í**g> 大きい

これは <p> の濁った音です。母音をともなうと「バ」行ですが、<p> と同じように、吐く息をためて弾ける音を出してください。

<v> の音と比べるために、berry の発音をしてみましょう（ストロベリーやブルーベリーのベリーです）。続けて very と言ってください。どうですか？　違いがわかりましたか？

<b> は唇の間から、<v> は上の前歯と下唇の間から息が出ていれば大成功です。最初はとても区別がつかないと思っていた音も、自分で発音してみると、思いのほか違いがぴんとくるものです。誰かそばにいる人と、どっちの音を出したか当て合うのもおもしろいですよ。

次は、ちょっと復習もかねて、hat、fat、pat、bat を発音してみましょう。最初の子音以外は同じ音なので、続けて言うと早口言葉みたいですね。だんだんスピードを上げて、リズミカルに、どうぞ！

3章　鉄則③　英語の音の法則を身につけましょう　　93

「ラ」行

<l>
light <láit> 光・照明
lice <láis> シラミ(複数)
beautiful <bjúːtəful> 美しい

＊<j> は発音記号としては「ヤ・ユ・ヨ」を表します。

　この音は、母音をともなうと明るい「ラ」行になります。(La la la la la...ラララララーと歌の途中に入るのは <l> の音です)。発音のポイントは、上の前歯の付け根から上あご、つまり口の中の天井に、舌をしっかりつけることです。

　では、舌を意識して「ラララー」と歌ってみてください。
　うまく歌えましたか？

　次は、光の light を明るく発音してみましょう。発音記号は <láit> で、gh は読みません。次は、<v> の発音で出てきた love。アクセントは母音 <ʌ> の上にありますから、この単語は <lʌ>「ラ」の発音がとても大事です。舌を口の中の天井にしっかりつけ、愛の気持ちをたっぷり込めて言ってみてください。

　単語の最後が <l> で終わるときは、はっきりした音になりません。それでも、舌は天井に必ずつけてください。例えば、「美しい」の beautiful は <l> で終わっていますね。ですから最後にはっきり「ル」と言わずに、舌を確実に天井につけたら完了です。

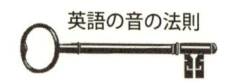

> **\<r\>**
> right \<ráit\> 右・正しい・権利
> rub \<rʌ́b\> こする
> red \<réd\> 赤
> rice \<ráis\> 米・ご飯

　いよいよ最後に紹介する発音記号になりました。カタカナでは同じ「ラ」行でも、\<l\> と \<r\> の音はまったく違います。明るい \<l\> に対して、\<r\> の音は少し暗く低めの音です。

　まず、口を「ウ」の形にしてみてください。舌はどこにもつけずに、口の下の方にそのまま置いておきます。（ここが \<l\> との大きな違いです!）では、のどの奥から音を出し「ラ・リ・ル・レ・ロ」と言ってみましょう。このとき舌を動かしてもかまいませんが、口の天井には決してつけないでください。口の形だけでなく、「ウ」の音をうなってから「ラ」の音を出すとやりやすいですよ。ちょっとこもったような「ラ」行が言えるまで、何度もくり返してください。

　それでは、右や正しいという意味の right を発音してみましょう。「ウ」の口の形を作ることと、舌が天井につかないようにするのを忘れないでください。最初に「ウ」をうなると、かなり迫力が出ると思います。次に、light と right を続けて発音してみてください。\<l\> と \<r\> の違いをしっかり意識して練習しましょう。

　「こする」という意味の rub と love もまぎらわしいですね。愛する人に誤解されては大変ですから、ちゃんと区別しましょう!

3章　鉄則③　英語の音の法則を身につけましょう

ひと休み 早口言葉！

The right switch is the light switch.

⇒右のスイッチが照明のスイッチです。

The light switch is the right switch.

⇒照明のスイッチは右のスイッチです。

Lice have the right to eat rice.

⇒シラミは米を食べる権利がある。

＊Lice は Louse（シラミ）の複数形です．

　発音を文字だけで説明するのは、する方もされる方ももどかしいですね。どうか英語の学習をする中で、CD や先生の発音から学ぶ機会を十分に生かしてください。うまくできなくてもかまいません。自分なりに英語らしい発音を目指せばいいのです。

　これで鉄則の説明はすべて終わりです。ここまで読み通したあなたに拍手を送ります！　英語に対するイメージが変わりましたか？　英語が身近に感じられるようになりましたか？　少しでも英語への興味を深めていただけたとしたら、とてもうれしいです。

英語の音の法則

4章

英語が体にしみこむ学習法

　3つの鉄則では、①英語の語順、②意味のまとまり、③英語の音の法則についてお話ししました。ここからは、いよいよ実践編です。語学は基礎練習のくり返しだと前にもお話ししましたね。理屈がわかったら、あとは体が反応してくれるまでトレーニングあるのみです。

　この章では、3つの鉄則を生かした学習法についてお話しします。その名も**『英語が体にしみこむ学習法』**です。うわべだけではなく、英語をしっかり身につけていただきたい、という願いを込めて名づけました。

学習はトレーニング

　英語を文字で読めばわかるのに、聴き取ることがうまくできない、と悩む人はとても多いようです。そういった方は、まず「聴き取る」ことをやめてみてはどうでしょう。一語一語聴きとろうとするのではなく、聞こえてくる英文の意味、話し手の意図をくみとることを第1に考えてください。「単語を聴き取る」から「意味をくみ取る」ことに気持ちを切り替えてほしいのです。そして、聞いた英語をすぐにイメージできるようになれば、

聞いて理解する力にきっと自信がもてるはずです。

　耳で聴くとわかりにくいのは、聞こえてくる単語の順序通りに素早く理解する訓練が足りないことも大きな原因です。書かれた文字なら、語順を行ったり来たりしながら意味をとり、日本語にえっちらおっちら直していくこともできるでしょう。でも、音声というのはその場ですぐに消えてしまいます。行ったり来たりする時間はありません。英語の語順で理解することを徹底していなければ、音声についていくことはできないのです。

　この章では、目で読み、耳で聴いて、声に出し、頭に状況を思い描く練習法を紹介します。英語のための目と耳と口の筋肉を鍛え、本物の理解力をアップするトレーニングです。

　この学習法では、英文を無理に暗記したり、聞こえない音を頑張って聴き取ったりはしません。文字を見ないのは最初と最後の試し聴きのときだけで、学習の中心はあくまでも文字を見ながら意味を理解していきます。ですから、英語の勉強を始めたばかりの人や、英語が苦手な人も、ストレスを感じることなく取り組め、初心者から上級者まで、だれでも気楽にひとりで始められます。

　文字を見ながら英語を聴くと、みなさんの脳は、この文字はこんな音になるのだな、この単語とこの単語はくっついて聞こえる、この単語はほとんど聞こえない、などなど、文字と音を結びつけようとフル回転します。そうして何度もくり返しているうちに、消えてしまう音や、つながる音も聞き分けられるようになるのです。逆に、そういった練習をしなければ、いつまでたっても聞き分けられるようにはなりません。

　あらかじめ内容をきちんと理解していれば、聴くたびに、文字と音と意味が、頭の中でしっかり結びついていきます。文字

を見ながら、何度も何度も、くり返し音声を聴いてください。英文が伝えていることを頭の中で映像化し、状況が手に取るようにわかるまで、徹底的に聴きましょう。

学習を始める準備

　この学習法に必要なのは、(1) 英語のスクリプト（台本）と、(2) 音源（スクリプトが録音された **CD** や **DVD** など）です。

　といわれても、何を用意すればいいのかわからない人もいるかもしれませんね。中学生や高校生なら、自分のレベルに合った英語検定（英検）の過去問がおすすめです。中学1年生なら4級、2年生なら3級のリスニングパート問題がちょうどいいでしょう。それ以上の実力があれば、準2級や2級に挑戦してください。大学生や社会人なら、**TOEIC** テストのパート3（会話文）やパート4（説明文）がいいと思います。

　英検の過去問や予想問題集は、いろいろな出版社から出されていますが、リスニングパートの **CD** が付いているかどうかを必ず確認してください（別売りになっているときもあります）。**TOEIC** は過去問を公表していませんが、本番の試験に最も近いものは『**TOEIC** テスト新公式問題集』（**TOEIC** 運営委員会刊）です。どれも、本屋さんの英語教材コーナーに行けば手に入ります。

　映画好きの方は、英語の字幕をスクリプト代わりにして学習を楽しむのもいい方法です。また、ラジオやテレビの英語講座のテキストにもたいてい **CD** が付いていますので、上手に利用してください。

　学習法のステップは6つありますが、コツがつかめたら、部

4章　英語が体にしみこむ学習法

分的に利用したり、応用したり工夫したりしてかまいません。
自分にぴったりのトレーニング法を見つけてください。

もう一歩 映画を教材に使うときは、自分の生活に近い作品を選ぶといいでしょう。殺し屋や宇宙人ばかりが出てくるものでなく、日常会話が多いもののほうが学習には向いています。十代の人ならアメリカの高校生や大学生が主人公の学園ドラマ、社会人の方にはオフィスを舞台にしたラブコメディをおすすめします。興味のある国や街を舞台にした作品を探すのも楽しいですね。

　DVDはレンタルすれば安上がりなので、いろいろな作品を試してください。そして、学習を始める前に、必ず日本語の字幕で全編を観て楽しみましょう。そのあと英語の字幕に切り替え（メニュー画面から字幕の種類を選ぶことができます）、気に入ったシーンを何度も再生して、学習に利用してください。

学習の手順

　では、それぞれのステップで何をすればいいのか、一緒に確認していきましょう。英検4級の過去問を使って手順をたどっていきます。実際の音声はありませんが、トレーニングの流れをつかむつもりで読み進めてください。トレーニングの大事なポイントは、スクリプト（台本）を目で見て理解し、よく聴いて、声に出すことのくり返しです。

　だいたいの流れがわかったら、スクリプトと音源を用意して実際に試してみましょう。

ステップ *1*　最初の試し聴き　⇒　音声を流す

　スクリプトを見ずに音声を聴いてみましょう。このとき、くれぐれも一語一語を聴き取ろうとしないでください。どんなことを話しているのだろう、と興味をもち、内容をくみとる気持ちで聞きましょう。

　内容がわからなくても、がっかりする必要はありません。わからなければわからないほど、学習のしがいがあるというものです。

　この試し聴きは1回で十分ですが、気のすむまで何度聴いてもかまいません。

ステップ *2*　文の意味を確認
　　　　　　⇒　スクリプトを見て内容を理解する

スクリプト

A new teacher came to my school last month.
His name is Mr. Jones, and he teaches history.
His class is interesting, so I like it very much.

(2008年度英語検定第2回リスニング第3部 No.24)

日本語訳

先月、新しい先生が私の学校へやって来た。
名前はジョーンズ先生で、歴史を教えている。
ジョーンズ先生の授業はおもしろいので大好きだ。

スクリプトを見て、内容をしっかり確認しましょう。<u>主語と動詞を理解し、意味のまとまりごとに英語の語順で意味をとっていきます。</u>

　何よりもまず主語と動詞に注目してください。主語は単数なのか複数なのか、動詞は今やっている動作なのか、習慣なのか、過去のことか未来のことか、否定しているかどうか、などをチェックします。

　では、一行ずつ一緒に確認していきましょう。

A new teacher / came / to my school / last month.
新しい先生が / やって来た / 私の学校に / 先月

　先頭の意味のかたまりは、A new teacher で、これが文の主語です。さて、新しい先生は1人でしょうか？　はい、teacher の前に A がついてますから、1人ですね。それに、teacher の最後に複数の印である s はついていません。まず最初に主語が単数か複数か確認するのはとても大事です。先生が1人の場合と複数の場合では、思い描くイメージがだいぶ違います。

　次のまとまりは動詞の came です。これは come の過去形なので、「来る」のでははく、「来た」ということになります。ここまでわかると、「どこに？」「いつ？」来たのか気になりますね。後に続く意味もしっかり確認してください。

His name is Mr. Jones, / and he teaches / history.
彼の名前は　ジョーンズ先生だ　/　そして彼は教えている　/　歴史を

主語は His name で、これも単数です。a はありませんが、name の最後に s がついていないので単数だとわかります。is は be 動詞の現在形で、teaches は一般動詞の現在形です。単数主語の His name に対応して、be 動詞は is になり、teach には es（☞P161）がついています。

His class is interesting, / so I like it / very much.
彼の授業は　おもしろい　／　だから私はそれが好きだ　／　とっても

　His class も単数です。class の最後は s ですが、これは複数の s ではありません。最後がもともと s で終わる単語を複数にするときは es をつけますから、複数なら classes になります。その後カンマがあるので一息つきましょう。次の so という単語は、カンマの前の文を受けて「だから」と話を続けるためのものです。I like it. の it「それ」は代名詞（☞P148）といって、前に出てきた名詞の代わりをします。この場合は、もちろん His class を受けています。

　こうして語順通りに文を読み解き、知らない単語があれば印をつけて意味を調べます。日本語訳から見つけてもいいですし、辞書や解説ページの語彙リストをチェックしてもかまいません。
　文に切れ目を入れ、単語の意味を確認できたら、もう一度文頭から英語の語順で読んでみましょう。いちいち日本語に直さなくても、意味がすいすい頭に入ってくるまで何度も読んでください。次のステップへ行く前に、スクリプトを十分に理解しておくことはとても大切です。

4章　英語が体にしみこむ学習法

ステップ3　文字と音と意味を結びつけ内容をイメージ
　　　　　⇒　音声を流しながらスクリプトを見る

　内容が確認できたら、音声を流してスクリプトの文字を目で追いましょう。（ここでは CD を聴いているつもりで読み進んでください）。

　何度もくり返しますが、このときスクリプトを見なければ意味がありません。文字と音と意味が頭の中で結びつくように、何度も聴いてください。1 回や 2 回ではなく、最低でも 10 回は聴きましょう。

　そのとき内容をイメージすることも忘れないでください。新しい先生がやってきたのは先月のことです。ジョーンズ先生はどんな人でしょう？　His name（彼の名前）とありますから男の先生ですね。この先生は、背が高いのでしょうか？　メガネはかけているでしょうか？（書いてないことについては想像をふくらませましょう）。歴史の授業はとても楽しそうです。生徒の笑顔が目に浮かびますね。

　文字を追いながら音を聴くという作業は、この単語はこういう発音、これとこれがつながるとこんな音になる、ということをみなさんの脳に認識させ、文字と音と意味とをつなげるための重要なステップです。英語の語順通りに理解するためのよいトレーニングにもなりますから、この作業は必ず英語学習に取り入れてください。文字を見ながら音を聴くので、安心感があり、ストレスを感じることなく続けられます。しかも効果が高いのですから、やらない手はありません。英語を聴き取る力だ

けでなく、読解力も向上させることができますし、練習を重ねて速い音声に対応できるようになれば、それだけ速読のスピードも上がります。つまり、英語の語順で理解する力が、より確かなものになるということです。

ステップ 4 音を確認
⇒ 音声を流してスクリプトに印をつける

A new teacher came to my schoo(l) / las(t) month.
His na|me i|s Mr. Jones, / an(d) he teaches history.
His clas|s i|s interesting, / so I li|ke i|(t) very much.

　注意が必要な単語のアクセント、強く読む単語、つながる音、(消える音)、に印をつけましょう。読みにくい単語の横には発音記号を書いておくといいですね。(カタカナのほうがわかりやすいときは、それでもかまいません)。
　単語のアクセントは発音記号を調べれば確実ですが、音声でチェックすることも大切です。音声を少しずつ止めながら、印をスクリプトにつけていってください。読む速度が速ければ速いほど、音が消えたりつながったりするはずです。音源の話者がどんなふうに発音しているか、しっかり聞き耳を立ててください。英語用の耳の筋肉を鍛えるいいトレーニングになります。
　他にも、文末が上がり調子か下がり調子かなど、音声を聴いて気がついたことは書きとめておくといいでしょう。文末のピリオド (.) やクエスチョンマーク (?)、カンマ (,) のあとに間をあけるのも忘れないでください。

4章　英語が体にしみこむ学習法　105

参考までに例文に印をつけました。間の取り方、発音、強弱のつけ方などは、話者の出身地などによる個人差がありますし、内容によっても違ってきます。いろいろな国の人の音声で、たくさん練習する機会を作りましょう。

ステップ5　音読　⇒　スクリプトを声に出して読む

　印をつけたスクリプトを見ながら、声に出してみましょう。
　発音しにくいところは、音声をよく聴き直してください。読む速度、発音、イントネーションを真似るつもりで、何度もくり返し音読します。日本語を話すときには使わない口まわりの筋肉を、英語を話すためにたっぷり鍛えましょう。
　すらすらと読めるようになってきたら、音声に自分の声を重ねてみます。そうすることで、さらに英語のリズムが身につくはずです。最初はスピードについていけないかもしれません。でも、くり返し練習すれば、少しずつリズムに乗れるようになってきます。最初はうまくできなくても心配いりません。トレーニングを重ね、少しずつ英語用の筋肉を作り上げていきましょう。

ステップ6　最後の試し聴き　⇒　音声を流す

　十分にトレーニングができたら、スクリプトを見ないで音声だけを聴いてください。ここでも一語一語を意識するのではなく、内容をくみ取る気持ちで聞きましょう。

最初に聞いたときと比べてどうですか？　内容や話し手の意図が、英語の語順で頭に入ってきますか？　音声が伝えていることを、聞いたそばからイメージできるようになっていれば大成功です。

　もしまだ聴き取りにくいところや意味がぴんとこないところがあったら、もう一度ステップ3にもどり、スクリプトと音声を確認してみてください。

会話文を使った場合

　次に、英検3級の会話文問題のスクリプトを使って、文の意味を理解するステップ2と音を確認するステップ4をおさらいしてみましょう。4級より文法は少し難しくなりますが、会話文は内容が親しみやすいので楽しいと思います。それに、言葉に気持ちを込める練習にはぴったりです。TOEICのパート3や映画（ドラマ）を教材にするときの参考にしてください。

　会話問題のスクリプトは、どちらが何を言ったのかがわかりやすいように、たいてい男女が話しています。頭の中に男の人と女の人の姿を思い浮かべ、それぞれの状態（うれしい、悲しい、困っている、など）、二人がいる場所、お互いの関係（親子、友人、先生と生徒、など）を、聞くたびにイメージしましょう。聞こえる単語が1つでも2つでもあれば、なにかしらイメージがわくはずです。話者の口調も参考になりますよ。

4章　英語が体にしみこむ学習法

スクリプト

男：When are you going on vacation?
女：Next Monday. I'm taking my family to Seattle.
男：That's great. Will you watch a baseball game there?
女：Yes. I'm really looking forward to it.

(2007年度英語検定第1回リスニング第2部 No.15)

日本語訳

男：いつ休暇に出かけるんだい？
女：来週の月曜よ。家族をシアトルへ連れて行くの。
男：それはいいね。むこうで野球の試合を観るのかい？
女：ええ。すごく楽しみにしているの。

解説

男：When / are you going / on vacation？
　　　いつ　/　　行く　　/　　休暇に

　これは When「いつ？」で始まる疑問文です。前に、語順が変わる「よっぽどのこと」のひとつは疑問文だとお話ししましたね（☞P40）。確かにこの文も、主語と動詞が先頭には来ていません。実は、この文で最も大切なのは、主語と動詞ではなく、「いつ？」という疑問詞 When なのです。疑問文の最大のポイントは、話し手が何を聞きたいかですから、「いつ？」(When?)「どこ？」(Where?)「何？」(What?) などを最初にもってくるのです。そのあとの are you going は、be 動詞の疑問文なので主語 you と動詞がひっくり返っています。

動詞は、**are** に **going** が続くので「現在進行形」です。今行くところか、これから行くつもりかを表します。ここでは、いつ行くつもりなのかを聞いているのですね。そして、次の意味のまとまりは、**on vacation**「休暇には」ですから、いつ休暇に行くのかをたずねているのだとわかります。

ちなみに、「どこ？」の疑問文のときには、**Where** を文の先頭にもってきます。休暇に「いつ」（**When**）行くのかではなく、「どこに」（**Where**）行くのかをたずねるのなら、**When** を **Where** に変えればいいのです。つまり、**Where are you going on vacation?** になります。

女：Next Monday. I'm taking / my family / to Seattle.
　　次の月曜日。　私は連れて行く　／　私の家族を　／シアトルへ

Next Monday「次の月曜日」というのは、来週の月曜日ということです。会話ですから、主語と動詞のある文にはせずに、意味のまとまりだけで答えることもあります。次の文の主語と動詞は **I'm taking**（**I'm** は **I am** の省略形）で、現在進行形です。この現在進行形も、今現在していることではなく、これからするつもりのことを表しています。話す前からやることが決まっていた未来の行動については、現在進行形を使うことがとても多いのです（☞ P172）。

take にはいろいろな意味がありますが、ここでは「人を連れて行く」、「物を持っていく」という意味で使われています。そうなると、やはり「どこへ」連れて行くのかが気になりますね。その答えは、シアトル。アメリカの西海岸にある都市です。シアトルといえば、何が思い浮かびますか？

男：That's great. Will you watch / a baseball game / there?
　　それはいいね。あなたは観ますか / 　野球の試合を　 / そこで

> That's great. の That's（That is）は、相手の言ったことを「それって〜だね」と受けるときに使われます。That's wonderful!「それって、素晴らしいね！」や That's terrible!「それって、ひどい！」など、いろいろあります。
>
> 　Will you watch の will は、未来と意志を表す助動詞です。現在進行形のように話す前から決まっていたことではなく、会話の流れの中で思いついた未来の行動によく使われます（☞ P171）。シアトルといえば、やっぱりシアトル・マリナーズですね。イチロー選手の姿を思い浮かべた人も多いのではないでしょうか。

女：Yes. I'm really looking forward / to it.
　　ええ。私はとっても楽しみにしている / それを

> 　下線を引いた really は、「本当に・とっても」という意味の副詞です。副詞というのは、めずらしく文中での居場所が決まっていません。ですから、こうして動詞のまとまりの間に割りこんでくることもあるのです（☞ P118・126）。really があることで、女の人が野球を楽しみにしている気持ちがいっそう強く伝わってきますね。

> 音の印

男：Whe|n a|re you goin(g) / o|n vacátion?　↘

女：Nex(t) Monday.　I'm takin(g) my family / to Seáttle.

男：That's great.
　　Will you wat|ch a| baseba(ll) game there?　↗

女：Yes.　I'm really lookin(g) forwar(d) to it.

　会話文のときは、話し手の気持ちや意図が相手に伝わるように読むことが大切です。例文の会話なら、女の人のうきうきした感じを出しましょう。くれぐれも、お経のような単調な読み方になりませんように！

　これで学習法のおさらいは完了です。それぞれのステップのポイントはつかめましたか？　トレーニングは回数を重ねることで効果が出てくるものです。目と耳と口とイメージを使って、英語を体にどんどんしみこませてください。
　自分に合ったスクリプトを探して挑戦しましょう！

　　◇辞書について◇
　　辞書を引くというのは、たくさんの意味の中から「わからない単語の意味」というお宝を探し当てるようなものです。英文を読んでいてわからない単語が出てきたら、そんなつもりで辞書を引いてください。

　　例えば、I hate English. の hate という単語がわからないとしましょう。辞書を引く前に、hate がどんな意味になるのか考えてみてください。まず、主語の I のあとにあるのですから、動詞だと考えられます。「何を」にあたるものは English

4章　英語が体にしみこむ学習法　111

（英語）ですから、この人は英語をどうにかするのでしょうね。英語を話すのかな？　書くのかな？　といろいろ想像してみてください。前後に文があれば、話の流れもヒントになります。そうしていちばん良さそうな意味に当たりをつけておくのです。

　では、英和の辞書で hate を引いてみましょう。紙の辞書なら h で始まる単語のページを開けて探します。電子辞書なら、hate と入力して確定ボタンを押してください。（私は手元の電子辞書に入っている『ジーニアス英和辞典第3版』で hate を調べています）。

　hate の横に発音記号 <héit> が見つかりましたか？　アクセント記号もついていますね。その下に<動>とあるのは動詞のことです。変化形とその発音も書いてあります。そして最初の意味は「ひどく嫌う・憎む」。なんと、I hate English. は「英語なんて大嫌い」という意味だったのです。

　単語によっては、その他の意味や使い方、例文や成句・熟語が出ていることもあります。電子辞書なら、例文ボタンや成句・熟語ボタンを押せば出てきます。

　hate を使った成句・熟語はありませんが、例文はいくつか出ていました。She hates carrots.「彼女はニンジンが嫌いだ」というのは使いやすそうですね。She を I に変え、carrots を自分の嫌いなものと置き換えてみましょう。私は虫が大嫌いなので、I hate bugs. みなさんは、どうですか？　よく見ると、(⇔ love) と書いてありました。これは反対語の印です。hate を love にすれば逆の意味になるということですね。他にも原義（元々の意味）や、派生語（他の品詞の形）など、辞書には情報というお宝がいっぱいつまっています。とにかく使って、少しずつ慣れていってください。

5章 これだけは知っておきたい英文法

　英文法はスポーツのルールのようなものだ、と前にお話ししたのを覚えていますか？

　野球をするなら野球のルール、サッカーならサッカーのルールがあるように、日本語にも英語にもルールがあります。野球にサッカーのルールを当てはめようとするのが無意味なように、英語を日本語のルールに押し込めることはできません。日本語ではこうなのに、どうして英語ではああなのだろう、と悩んでもしかたないのです。

　そして、ルールを知っているだけではいいプレーはできません。わかっていても、うっかりルール違反をしてしまうこともあるでしょう。ルールを知った上で練習を重ね、頭で考えるのではなく、体が反応してくれようになることを目指すのが、スポーツでも語学でも大切です。

　この章では、英文法の土台となっている「品詞」を中心にお話ししていきます。品詞は英文法の基本用語なので、いろいろな場面で耳にするでしょうし、それぞれの単語の性質（＝品詞）を知っていれば、英文法そのものもわかりやすくなるはずです。まずは品詞の正体をさぐっていきましょう。

品詞とは？

　品詞というのは、文の中にある単語それぞれの性質を表すもので、名詞、動詞、形容詞、副詞などがあります。文の中でその単語がどんな働きをするのか、どの位置に来るのかは、すべて品詞で決まります。

　文は意味のまとまりの組み合わせでできている、と鉄則②でお話ししました。そして、意味のまとまりを作っている最小単位が単語でしたね。つまり、

I eat a banana on the train every morning.
は文、

|I| |eat| |a banana| |on the train| |every morning|
は意味のまとまり、

I・eat・a・banana・on・the・train・every・morning
のそれぞれが単語です。

　単語には、名詞、動詞などの性質があり、それを全部ひっくるめて品詞と呼んでいます。例えば、「この文の eat は、何という品詞ですか？」というのは、英語の授業でよく耳にする質問です。そんなとき、「eat は動詞です」と答えれば大正解。主語 I の次に並んでいるのですから、動詞で間違いありません。

　では、banana は？　バナナは物の名前なので、名詞です。I eat（私は食べる）のあとの「何を」の位置には、名詞や名詞の

まとまりが並びます。そして、先頭の主語 I は、話し手本人を表す代名詞です。つまり、I eat a banana. という文は、主語（代・名詞）＋ 動詞 ＋ 目的語（名詞）の組み合わせになっていることがわかります。その後に続くつけ足し情報の、**on the train** や **every morning** は、どちらも副詞のまとまり（副詞句）です（☞P128）。

こうして、文の中でそれぞれの品詞の役割を知ると、英語の文の構造がはっきり見えてきますね。

日本語でも品詞は活躍しています。「音楽を聞く」「本を読む」が正しく聞こえるのは、「名詞を動詞」という日本語の仕組みに当てはまっているからです。名詞と動詞をごっちゃにして、「聞くを音楽」や「読むを聞く」にしたら意味が通じません。

もちろん母語を使うときは、品詞のことなどいちいち考えないものです。考えなくても意味の通る文が作れるからこそ母語なのです。

でも、外国語を勉強するときはそうはいきません。品詞がわかっていないと困ることや、品詞がわかっていたほうが便利なことがたくさんあります。すべての単語を品詞で分析する必要はありませんが、大切なものはわかっていたほうがだんぜん有利です。

ここでは、わかっていると必ず役に立つ品詞だけにしぼり、名詞・動詞・形容詞・副詞・冠詞・前置詞を取りあげて説明します。まずは日本語にもある品詞と日本語にはない品詞に分け、それぞれの特徴を見ていきましょう。

日本語にもある英語の品詞（名詞・動詞・形容詞・副詞）

　名詞と動詞と形容詞と副詞は、明確な意味のある重要な品詞です。日本語にもあるのでなじみやすいかもしれませんが、英語と日本語では文の中での位置や使われ方が違いますので気をつけてください。

　まずは、それぞれの品詞の主な特徴をまとめます。特に位置についてはよく確認してください。（例文には位置を決める基準になる品詞だけを示してあります）。

名詞

定義：　物事の名称、名前を表す品詞。

特徴：　I（私）、you（あなた）、he（彼）などは代名詞（☞ P148）
　　　　複数形がある。（☞ P141）
　　　　Ken（ケン）やTokyo（東京）といった個人名や地名などは固有名詞と呼ばれ、文頭でなくても大文字で始める。

位置：　文頭（主語）
　　　　動詞の後（目的語）
　　　　be動詞の後（補語）
　　　　前置詞 の後

例文：　I practice soccer on Sunday.
　　　＜代名＞＜動＞　＜名＞＜前＞＜名＞
　　　（私は日曜日にサッカーを練習する）

Ken and Eri are friends.
　　<名>　<be動><名>

(ケンとエリは友達だ)

動詞

定義：　人・物事の動作、動き、状態、働きを表す品詞。
特徴：　be動詞と一般動詞に分かれる。(☞ P158)
　　　　「原形」・「過去形」・「過去分詞形」などさまざまな変化形がある。(☞ P162)
位置：　主語である名詞・代名詞の後

例文：　I　practice　soccer on Sunday.
　　　<主・代名><動>

(私は日曜日にサッカーを練習する)

Ken and Eri are friends.
　　<主・名>　<be動>

(ケンとエリは友達だ)

形容詞

定義：　名詞（人や物事）がどんな状態か、どんな様子か、どんな種類かなどを説明する品詞。(☞ P124)
特徴：　必ず近くに説明のターゲット（対象）になる名詞がある。
位置：　名詞の前
　　　　be動詞の後（補語）

5章　これだけは知っておきたい英文法　117

例文： This is a beautiful rose.
　　　　　　　　＜形＞　　＜名＞
（これは美しいバラだ）

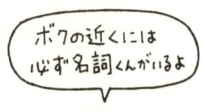

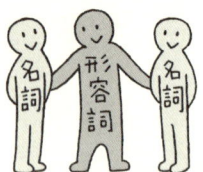

This rose is beautiful.
　　　　　＜be動＞＜形＞
（このバラは美しい）

副詞

定義： 動詞・形容詞・他の副詞が、どんな様子か、どの程度かなどを説明したり、時や場所を表したりする品詞。

特徴： 同じ単語で形容詞にも副詞にもなる。
（fast「速い」＜形＞・「速く」＜副＞など）
形容詞に〜 ly をつけると副詞になる。
（slow「遅い」＜形＞ slowly「遅く」＜副＞など）
形容詞とは関係のない副詞もたくさんある。
（always「いつも」here「ここに」など）
文の中での位置があまり固定していない。（☞ P127）

位置： 文末
動詞の前後
形容詞や副詞の前
文頭（強調するときなど）

例文： Eri and Ken dance very well.
　　　　　　　　　＜動＞　＜副＞＜副＞
（エリとケンはとても 上手に踊る）

Eri and Ken are very good friends.
　　　　　　　　<副> <形>

(エリとケンはとてもいい友達だ)

Eri and Ken always go to school together.
　　　　　　<副>　<動>　　　　　　<副>

(エリとケンはいつも一緒に登校する)

Today Eri and Ken did not go to school together.
<副>　　　　　　　　　　　　　　　　　　<副>

(エリとケンは今日は一緒に登校しなかった)

もう一歩 実は、English という単語には、「英語」という名詞と、「英語の」という形容詞、両方の意味があります。同じように、dance は、名詞(「ダンス・踊り」)と動詞(「踊る」)、fast は形容詞(「速い」)と副詞(「速く」)どちらにも使います。つまり、1つの英単語に複数の性質があるということです。手元に辞書があったら開いてみてください。1つの単語に〈名〉・〈動〉・〈形〉などいろいろな品詞の印が見つかるはずです。もちろん意味も1つではありません。English を引くと、こんなふうに出ていますよ。(これは実際の辞書の内容の一部です)。

English <íŋgliʃ>
<形>
1　イングランドの
2　イギリスの・イギリス人の

5章　これだけは知っておきたい英文法　119

> 3 英語の
> ＜名＞
> 1 イギリス人
> 2 英語
> ＜動＞
> 1 〜を英訳する
> 2 （外国語の単語を）英語化する

　なんと、English には動詞もありました！　よく使われる品詞から並んでいるので、English という単語は、形容詞として最も多く使用され、動詞として使われることは最も少ないということがわかります。

　同じ単語が動詞になったり名詞になったりするなんて、まぎらわしいと思うかもしれませんね。でも英語の品詞の位置は決まっていますから、慣れてしまえば混乱する心配はありません。**English is interesting.** という文なら、English は文頭にある主語ですから、「英語」という意味の名詞です。では、**This is an English book.** だったらどうでしょう？　今度は文頭ではなく、book（本）という名詞の前にありますね。ということは、本の種類や性質を表す形容詞、「英語の」という意味になるのは明らかです。

　English を「英語」という名詞だと決めつけてはいけません。あくまでも優先するのは語順です。その単語が文のどの位置にあるのかで、品詞も意味も決まります。

名詞と動詞を使った文

　それでは、改めてそれぞれの品詞が文の中のどの位置にあるのか、どんな働きをしているのかを確認してみましょう。まず例文として取り上げるのは、英語の文にとても多い形である、主語＋動詞＋目的語（「何を」または「何に」）という組み合わせです。この形の文は、英語の基本5文型の第3文型で、SVOの文とも呼ばれています。Sは主語（subject）、Vは動詞（verb）、Oは目的語（object）のことです。

　さて、主語と目的語になる品詞は何ですか？

　答えは名詞（または名詞のまとまり）ですね。名詞は文の中で「主語」としても「目的語」としても大活躍します。

　例えば、I / study / English. という文では、I（私）が主語で、品詞は代名詞（＜主・名＞）。English（英語）も名詞で、動詞 study の目的語（＜目・名＞）です。

　では、さらに例文を見ていきましょう。同じ名詞でも、動詞の前に来たときと、うしろに来たときでは、主語と目的語という役割が入れ替わり、意味合いが違ってきます。ここでは動詞に help（手伝う・助ける）を使いました。誰が誰を手伝うのか、わかりますか？　語順に注意して考えてみてください。

① I help my mother.
② My mother helps my father.
③ My father helps my brother.
④ My brother helps me.

　では、それぞれの文の語順訳と品詞を確認してみましょう。

5章　これだけは知っておきたい英文法　121

① I / help / my mother.
　〈主・名〉〈動〉〈目・名〉
　私（は）/ 手伝う / 母（を）

② My mother / helps / my father.
　母（は）　/ 手伝う / 　父（を）

③ My father / helps / my brother.
　父（は）　/　手伝う　/　兄（を）

④ My brother / helps / me.
　兄（は）/　手伝う　/ 私（を）

　主語と目的語はどちらも名詞です。日本語では「は」や「を」をつけて区別しますが、英語では語順を入れ替えることで表現します。英語の語順で理解するクセをつけていれば、同じ名詞でも、主語「～は」なのか、目的語「～を/に」なのか、こんがらかることはありません。動詞の前にあるか、後にあるかで、はっきり区別がつくのです。

もう一歩 5文型というのは、英語の文をS（主語/subject）・V（動詞/verb）・O（目的語/object）・C（補語/complement）を使って5つの種類に分けたものです。参考のために、各文型の例文を書いてみます。

第1文型（SV）: I / work / at a bookstore.
　　　　　　　S　　V
（私は / 働いている / 本屋で）

> 5文型は
> 万能ではありませんが
> 結構役に立ちますよ．

第2文型（SVC）: This house / is / big.
　　　　　　　　 S　　　V　C
（この家は / 大きい）

第3文型（SVO）: Ken / practices / baseball / every day.
　　　　　　　　S　　　V　　　　O
（ケンは / 練習する / 野球を / 毎日）

第4文型（SVOO）: Mr. Johnson / teaches / us / English.
　　　　　　　　　S　　　　　V　　　O　　O
（ジョンソン先生は / 教える / 私たちに / 英語を）

第5文型（SVOC）: My mother / sometimes / calls / me / Eri-chan.
　　　　　　　　　S　　　　　　　　　　　V　　　O　　C
（母は / ときどき / 呼ぶ / 私を / エリちゃんと）

　英文を理解するとき、どの文型に当てはまるかがわかれば、意味を取りやすいと思います。ただ、すべての英文が5文型にあてはまるわけではありません。品詞でなにもかも分析できないのと同じですね。わかりやすいところだけ便利に使ってください。また、辞書を引くと、動詞の意味の前に **SV** や **SVO** の印が書いてあります。使われる文型によって動詞の意味が変わるときもあるので気をつけましょう。

5章　これだけは知っておきたい英文法　123

5文型の要素は、文を成り立たせるために最低限必要なものとされています。ただ、その中に名詞・動詞・形容詞は当てはまりますが、副詞は入りません。先の例文でも、点線を引いた副詞や副詞句は、文型の要素から外されています。副詞は、文章表現を豊かにしてくれる大切な品詞なのに、少し気の毒ですね。

さらに一歩 普通の名詞は、主語のときも目的語のときもまったく変化しませんが、代名詞は、主語になる形（主格）と目的語になる形（目的格）が違います。例えば、I（私は / が）は主格で、me（私を / に）は目的格です。（☞ P148 ）

形容詞を使った文

　形容詞というのは、どんな品詞か覚えていますか？　ターゲットの名詞がどんなふうか、どんな状態かを説明する、つまり「修飾する」のでしたね。形容詞あるところに必ず名詞あります。形容詞はいちばん近くにある名詞を修飾していると思えば、まず間違いありません。

　例えば、This house is big. といえば、ここにある家は大きな家だ、ということです。This house（この家）が主語のまとまりで、is が be 動詞、big は主語の This house を修飾する形容詞になります。これは、＜主・名＞＋＜be 動詞＞＋＜形＞の組み合わせで、5文型でいうと SVC の第2文型です。C は補語でしたね。補語になれる主な品詞は形容詞か名詞です。

　補語は、主語がどんなものか、どんなふうかを説明していますから、S＝C の関係になります。（一方、SVO の時は、主語の S「〜

は」と目的語の O「〜を」がイコールの関係になることはありません。I eat a banana. の I と banana は違うものですよね。でも、I am a banana. にしたら、I = a banana で、私がバナナになってしまいます！）

　形容詞は、a good teacher（良い先生）のように、あとに来る名詞を修飾することもあります。これは、形容詞と名詞がくっついて名詞のまとまりを作っている場合です。文にすると、Ken is a good teacher. のようになり、＜主・名＞＋＜be 動詞＞＋＜形＋名＞という組み合わせができあがります。（これも SVC の第2文型です。S の Ken と C の a good teacher はイコールの関係になっています）。

　形容詞は名詞のイメージを広げます。Ken is a teacher.（ケンは先生です）だけではどんな先生なのかわかりませんが、そこに形容詞が入ると、とたんにイメージがふくらみます。そして形容詞が変わると、修飾されている名詞のイメージががらりと変わりますね。どんなふうに変わるか、例文を読んで想像してみてください。どんな家が目に浮かびますか？　ケンはどんな先生ですか？

① The house is big.　　　　　　　（その家は大きい）
② The house is small.　　　　　　（小さい）
③ The house is old.　　　　　　　（古い）
④ The house is new.　　　　　　　（新しい）
⑤ The house is gorgeous and expensive!
　　　　　　　　　　　　　　　　（豪華で値段が高い）

5章　これだけは知っておきたい英文法　125

⑥ Ken is a <u>good</u> teacher.　　　　　　　（良い先生）
⑦ Ken is a <u>bad</u> teacher.　　　　　　　　（悪い先生）
⑧ Ken is a <u>funny</u> teacher.　　　　　　　（おもしろい先生）
⑨ Ken is a <u>serious</u> teacher.　　　　　　（真面目な先生）
⑩ Ken is a <u>good-looking</u> <u>English</u> teacher.
　　　　　　　　　　　　　（<u>かっこいい</u>　<u>英語の</u>先生）

　みなさんの家は大きいですか？　英語の先生はかっこいいですか？　自分のまわりのものにぴったりの形容詞を見つけてください。形容詞は具体的なものと結びつけたほうが覚えやすいと思います。funny なら、いつも冗談ばかり言う友だちの顔、serious なら、冗談ひとつ言わずに授業を進める先生の姿をイメージしましょう。

副詞を使った文

　形容詞は名詞を修飾しますが、run（走る）という動詞を修飾する品詞は何でしょう？　つまり、「速い（電車）」とか「遅い（電車）」ではなくて、「速く（走る）」とか「遅く（走る）」など、どんなふうに走るのかを説明する品詞です。覚えていますか？
　答えは副詞です。そして、副詞が修飾するのは、動詞だけではありませんでしたね。副詞は名詞以外なら、形容詞も、他の副詞も、文全体も、それこそ修飾できるものは何でも修飾してしまい

ます。5文型では仲間はずれにされている副詞ですが、英文を陰でささえる働き者の品詞なのです。

　Ken runs.「ケンは走る」だけでは、やっぱりもの足りません。「どんなふうに走るの?」、「どこを、いつ走るの?」と問いかけたくなりますよね。そこで、副詞のveryとfastをつけて、Ken runs very fast.「ケンはとても速く走る」としたらどうですか? びゅんびゅんと風のように駆け抜けるケンの姿が目に浮かびますね。Ken always runs happily.「ケンはいつもうれしそうに走る」になると、また印象が変わります。いつも(always)笑顔で楽しそうに(happily)走っているケンの様子が想像できますし、走るのが大好きなケンの気持ちも伝わってきます。

　他の品詞とちがって、副詞には文の中での定位置がありません。動詞を修飾するもの、形容詞や副詞を修飾するもの、文全体を修飾するもの、それぞれ修飾するものとの関係で位置が変わります。しかも、普段は文末にあるものが文頭に動くことさえあるのです。副詞は神出鬼没で、どこに潜んでいるかわかりません。忙しく立ち回る働き者の副詞ならではの特徴ですね。

　さて、下の例文の中に副詞は全部で3つあります。見つけて印をつけてみてください。

I / studied / English / very / hard / yesterday.
私は / 勉強した / 英語を / とても / 一生懸命に / 昨日は

答えは、

I / studied / English / <u>very</u> / <u>hard</u> / <u>yesterday</u>.

very は副詞の hard を、hard は動詞の studied を、yesterday は文全体を修飾しています。very と hard は他の品詞と同じように動かせませんが、yesterday は文頭に移すことができます。「昨日は」が少し強調されますけれど、文法的には正しく、意味も変わりません。逆に、他の単語を勝手に動かすと、文法的に間違っているばかりか、意味も通じないへんてこな英文になってしまいます。ですから、いったん文の中に収まった英単語を、むやみに動かさないでください。副詞の yesterday なら動かしても大丈夫——といっても、文頭以外のところに置くことはできません。

<u>Yesterday</u> I studied English very hard.

主語と動詞のあとに来るつけ足し情報で、「何を」にあたる目的語以外、「どこで」「いつ」「どんなふうに」などは、ほとんど1語の副詞か2語以上でできた副詞のまとまり（副詞句）です。**on the train**（電車の中で）や **every day**（毎日）、**by bus**（バスに乗って）など、これまでにもたくさん出てきましたね。副詞のまとまりは、そっくりそのまま覚えて使いましょう！

ちょっと練習　下の文の（　）に指示された語を入れなさい。

　副詞と形容詞はまぎらわしいので、少し練習して確認してみましょう。下の文の（　　　）に日本語の「美しい」または「美しく」、英語の beautiful / beautifully のいずれかを入れてください。どちらが形容詞でどちらが副詞でしょう？　そして、何を修飾しているのでしょう？

（1）　エリは（　　　　　　）。
（2）　エリは（　　　　　　）ピアノを演奏する。
（3）　エリは（　　　　　　）鳥を飼っている。

（1）　Eri is (　　　　　　).
（2）　Eri plays the piano (　　　　　　).
（3）　Eri has a (　　　　　　) bird.

答えは次の通りです。
（1）エリは（美しい）。
　　＜形容詞：主語の名詞「エリ」を修飾している＞
（2）エリは（美しく）ピアノを演奏する。
　　＜副詞：動詞の「演奏する」を修飾している＞
（3）エリは（美しい）鳥を飼っている。
　　＜形容詞：目的語の名詞「鳥」を修飾している＞

（1）　Eri is (beautiful).　〈形〉
（2）　Eri plays the piano (beautifully).　〈副〉
（3）　Eri has a (beautiful) bird.　〈形〉

5章　これだけは知っておきたい英文法　129

日本語にはない品詞（冠詞・前置詞）

さて次は、**英語にあって日本語にはない品詞、冠詞と前置詞**のお話です。母語にない品詞というのは、どうしても使いこなすのに時間がかかります。勉強して理屈はわかっても、どれも小さな単語ですから、つい忘れてしまいがちです。

誰でもそうですから、心配しないでください。頭で理解するよりも、英文を何度も声に出して読むことで、冠詞や前置詞の存在が英語のリズムの中で感じられるようになるといいですね。

こうした小さな品詞は弱く読むというお話を鉄則③でしました（☞P75）。でも、文字を見ながら英文を読んだり聞いたりする習慣がついていれば、たとえ弱く読んでも、冠詞や前置詞の存在が消えることはありません。

くだけた会話をするときは、冠詞や前置詞のことは気にせずに、自分が伝えたいこと、つまり、強く読む単語の方に意識を集中させましょう。ただ、書かれた英文を正確に理解するときや、自分で英文を書くときは話が別です。冠詞も前置詞もある程度きちんと使えないと困ります。日本語でも英語でも、話し言葉より書き言葉の方がはるかに難しいのです。

2種類の冠詞（a/an と the）

冠詞には、不定冠詞と呼ばれる a または an と、定冠詞の the があります。

まずは、不定冠詞 (a/an) の特徴を見ていきましょう。**a と an は、そのあとの名詞が不特定な 1 つ、たくさんある中のどれでもいい 1 つだということを表します。**「ある 1 つの」とか「ある 1 人の」というイメージです。

バナナがテーブルの上に何本か置いてあるとしましょう。そこにあるどのバナナも、それぞれが **a banana** です。そのうち 1 本を食べたとしたら、

I ate a banana on the table.

「私はテーブルの上のバナナを 1 本食べました。」

になります。あとに来る名詞が母音で始まるときは **an** になるので、リンゴ（apple）なら、**an apple** です。

a banana — a banana
a banana
a banana — a banana

一方、定冠詞の the は、そのあとに来る名詞が、どれでもいいわけではなく、どれなのかはっきりしたもの、つまり特定されていることを伝えます。「その〜」「例の〜」というイメージですね。

さっき食べたバナナ、まさにそのバナナが甘かったと伝えたいなら、どのバナナでもいいわけではなく、限定、特定されているので、

5章　これだけは知っておきたい英文法　131

The banana / was sweet.（was は is の過去形です）
そのバナナは / 甘かった。

　でなければなりません。the は、あとに来る名詞が母音で始まるときは、発音が「ザ」＜ðə＞から「ディ」＜ði＞のように変わります。（どちらも＜θ＞の濁る発音なので、舌を前歯の間にはさんでくださいね。☞ P89）
　また、the は 1 つのものではなく、2 つ以上の複数を限定することもあります。そのときは名詞に複数の印 s をつけ、the bananas「それらのバナナ」となるのです。(特定されていない複数のバナナは、前に何もつけずに bananas と最後に s をつけます)。

　← the banana
　← the bananas　　　← bananas

　さて、英語の文では、a をつけて紹介したものを、その後 the をつけて説明することがよくあります。例えば、いきなり「そのネコ」とか「例のネコ」と切り出されたら、「いったいどのネコのこと？」と、とまどいますよね。そんなことがないように、そのネコのことを知らない相手には、まず a cat として紹介するのです。いったん紹介してしまえば、もうどのネコかわかるので、それ以降は the cat になります。一度紹介したあとに再度 a cat にすると、新たな別のネコの話になってしまうので気をつけましょう。特定されたもの、私もあなたも当然わかっているものには the をつけてください。

では、ケンの飼っているネコを、みなさんに紹介しましょう。

Ken / has / a cat.
ケンは / 持っている（飼っている）/ 一匹のネコを

The cat / has / a long tail.
そのネコは / 持っている / １本の長いしっぽを

The tail / is black.
そのしっぽは / 黒い

　どうですか？　a から the に変わっていく理由がわかりましたか？　手元にある英文を見て、名詞の前にある a や the をさがしてみましょう。a で紹介され、the をつけて説明されていませんか？

　ところで、英語の文を日本語に訳すとき、いつも a を「ある１つの」とか、the を「その」という日本語に置き換えるでしょうか？　もちろんそんなことはしません。日本語にない品詞は、日本語に訳すと消えてしまうことが多いのです。
　英語で太陽は the sun ですが、「その太陽」とは言いません。太陽はもともと１つしかありませんし、改めて a で紹介するまでもないので、最初から the をつけているのです。the moon（月）、the earth（地球）も同じです。でも夜空に輝くたくさんの星は、a star にも the star にもなりますし、２つ以上の星なら、stars や the stars と複数形にすることもあります。（☞P139）

5章　これだけは知っておきたい英文法　133

もう一歩 aとtheの違いがよくわかる例をもうひとつ紹介しましょう。まず日本語の問題ですが、「前首相」と「元首相」の違いはわかりますか？ では、1人ずつ具体的な人物の名前をあげてみてください。

首相は英語で the Prime Minister といいます。ですから、「○○は日本の首相です」は、○○ is the Prime Minister of Japan. です。それを「前首相」と「元首相」にするには、「前の、以前の」という意味の former という単語をつけて、former Prime Minister にします。そして「前」と「元」の違いを、英語ではaとtheで表すのです。どちらがaで、どちらがtheになると思いますか？ 「前首相」というのは今の首相の前任者ですから、1人しかいません。みんな誰なのかわかっていますし、特定された人物です。でも、「元首相」という歴代首相はたくさんいて、その中のどの人もそれぞれが元首相になります。つまり、「前首相」は the former Prime Minister、「元首相」は a former Prime Minister になるのです。

← the Prime Minister（今の）「首相」
the former Prime Minister「前首相」→

← a former Prime Minister「元首相」
a former Prime Minister 〃 →
← a former Prime Minister 〃

さらに一歩 初めから特定されているものでも自分に属するものには、the ではなく、my「私の〜」を使います。例えば、my school（私の学校）、my house（私の家）、my mother（私の母）、my book

（私の本）などです。いままでの例文で気づいたかもしれませんが、英語で my がつくときでも、日本語ではいちいち「私の」をつけません。the の場合と同じですね。my というのは、代名詞の所有格という形です。（☞P148）

日本語では「私の」と言わないときでも、英語では my をつけないと不自然になるので気をつけましょう。

いろいろな前置詞

前置詞には、in / on / at / from /to / by などがあります。今までの例文でもよく見かけましたね。**前置詞は、後に来る名詞と一緒になって、位置や時間的なこと、手段などを表します。**

くり返しますが、英語と日本語はまったく違う言語なので、どんな単語も完全に1対1で置き換えることはできません。日本語にない前置詞はなおさらです。in ＋（名詞）は「（名詞）の中」、from ＋（名詞）は「（名詞）から」など、大まかな基本のイメージを覚えると便利ですが、まったく当てはまらない使い方もたくさんあると覚悟していてください。ただ、よく使うものは限られています。名詞と一緒に意味のまとまりで理解し、そっくりそのまま覚えてしまいましょう。

in a room
in a store
in a car
in the water

on a plate
on a balcony
on the floor

at the bus stop
at the door

ちょっと練習 例文の ☐ 部分だけを変え、あなた自身のことを書きなさい。

書けたら声に出して読んでみましょう。下線の前置詞に注意してください。

(1) I am from Osaka. → I am from ☐.
　（私は 大阪 の出身です）

(2) I live in Tokyo. → I live in ☐.
　（私は 東京 に住んでいます）

(3) I get up at 7:00 in the morning.
　（私は午前 7時 に起きます）
　→ I get up at ☐ in the morning.

(4) I go to work by bus. （私は バス で通勤します）
　→ I go to work by ☐.

(5) I listen to jazz. → I listen to ☐.
　（私は ジャズ を聴きます）

いかがでしたか？（3）までは、地名や数字を入れればいいのですから簡単ですね。（4）の交通手段は、電車なら **by train**、地下鉄なら **by subway**、車なら **by car** です。ただ、徒歩は **on foot** と前置詞が変わります。（5）の音楽の種類は、**rock**（ロック）、**hip-hop**（ヒップホップ）、**rap**（ラップ）、**pops**（ポップス）などはカタカナのままですが、クラシックだけは **classical** になります。いろいろな種類の音楽を聴くなら、ちょっとむずかしいですが、**many different kinds of music** を使いましょう。

　ところで、「午前中」は **in the morning**、「午後に」は **in the afternoon**、「夕方に」は **in the evening** ですが、「夜に」だけは **at night** となり、違う前置詞が使われ、**the** もつきません。日本語も、「午前中に」とは言うけれど「午後中に」や「夕方中に」とは言いませんね。英語でも日本語でも、言い回しというのは理屈では割り切れません。そのまま受け入れて覚えるしかないのです。前章の学習法の手順にあるように、文字を見ながら声に出し、英語のリズムで身につけることが、やはりいちばんの早道だと思います。

in the morning　　　in the afternoon

in the evening　　　at night

5章　これだけは知っておきたい英文法　　137

もう一歩 英語の動詞の後には、「〜を/に」にあたる目的語がすぐ来る場合と、目的語の前に前置詞がどうしても必要な場合があります。例えば、**study**（勉強する）の後には、すぐ目的語の **English**（英語を）が来ますけれど、**listen**（聴く）の後は to music になります。動詞によって違うので、出てきたものから一つひとつ覚えていきましょう。

＜動詞＋目的語（名詞）＞
I study English.（私は英語を勉強する）
Ken watches TV.（ケンはテレビを観る）
Please tell the truth.（本当のことを言ってください）

＜動詞＋前置詞＋目的語（名詞）＞
I listen to music.（私は音楽を聴く）
Please look at the blackboard.（黒板を見てください）
Eri talks to her teacher.（エリは先生に話しかける）

ひと休み 日本語では、順番をゆずり合うときに「お先にどうぞ」と言いますね。でも英語では、「私があなたのあとになります」という意味で、"After you" です。ドアを押さえて、さらりと "After you." と言えたら、かっこいいですね。

英語がこだわる「名詞の世界」

さて、ここからは、品詞の中でも特に重要な「名詞」と「動詞」について、くわしくお話ししたいと思います。英語の名詞と動詞の特徴を知れば、英語というものがさらにわかってくるはずです。

まずは**名詞の複数と単数、数える名詞と数えない名詞、そして代名詞**について考えてみましょう。

①単数と複数

英語を話す人たちの頭の中には、日本人の私たちには想像できないようなこだわりがあります。中でも特にわかりにくいのが、ある名詞を数えるか数えないかの見きわめです。そして、いったん数えると判断したら、今度は、それが1つ（単数）なのか、2つ以上（複数）なのかを決めようとします。

そんなことをまったく考えずに日本語で生活している私たちにとっては、この英語の単数・複数へのこだわりは、まったくわけがわからず、慣れないうちはかなりの負担です。ゴミの分別がない町から、分別のきびしい町に引っ越してきたと想像してみてください。燃えるか燃えないかをいちいち考えるのは、めんどうでしかたないと思います。でも、ゴミ問題は無視できませんし、郷に入っては郷に従えです。その地域の分別ルールに従って、いやでも慣れていくしかありません。

例えば、「ケンはエリにバラの花をあげました」という文は、日本語のままなら何の問題もない文です。でも、これを英語にしようと思ったとたん、ゴミ問題ならぬ「単・複問題」が発生します。つまり、ケンがあげたバラは1本の a rose だったの

5章 これだけは知っておきたい英文法　139

か、2本以上の **roses** だったのか、ということです。そこをうやむやにしたまま英語の文にすることはできません。

　逆に、英語は最初からそこのところがはっきりしています。英文を読むときは名詞の形に注目して、単数か複数かをチェックする習慣をつけましょう。

Ken gave Eri a rose.
Ken gave Eri roses.

　バラが1本なのか、複数なのかがわかれば、頭に思い浮かべるイメージがだいぶ違ってきます。こういったところからも、英語がいかに映像化しやすい言葉かがわかりますね。日本語のときはなにげなく使っている名詞ですが、英語の世界では、はっきり目に見える形でとらえなければならないのです。

> ひと休み
>
> 「郷に入っては郷に従え」というのは、自分が今いる土地の習慣や風習に従うべきだ、ということわざです。英語でも、**When in Rome, do as the Romans do.**「ローマにいる時はローマ人のするようせよ」という、そっくりなことわざがあります。
>
> 　ローマというのは、かの古代ローマ帝国のことです。あれだけの帝国を作るには大変な労力と時間がかかったことでしょう。英語の勉強も同じです。まさに、**Rome was not built in a day.**「ローマは一日にしてならず」ですね。

②**数える名詞**

　日本語では何匹いてもネコはネコ。「私はネコを飼っています」というのはとても自然な日本語で、このときネコが1匹なのか2匹以上なのか特にはっきりさせなくても平気です。でも英語ではそうはいきませんでしたね。1匹か2匹以上かをはっきりさせずに、数えられる cat（ネコ）のことは語れないのです。ですから「私はネコを飼っています」という意味の英文は2通りあります。

(1) I have a cat. (1匹)
(2) I have cats. (2匹以上)

　名詞の前に冠詞の a がついていれば1匹、名詞の最後に s がついていれば2匹以上飼っているというのが、はっきりわかります。この s（または es）が複数の印です。名詞を見たら最後に s または es がついているかどうか必ずチェックしましょう。s/es がついているということは、その名詞が2つ以上であり、数えるほうに区別されているということです。(数えない名詞には、a/an も複数の s もつけません。そして常に単数としてあつかいます)。

　では、私が持っているものについて書いてみましょう。

I have a bicycle. （自転車）
I have books. （本）
I have computers. （コンピュータ）
I have a printer. （プリンタ）

どうですか？　1つしか持ってないか、2つ以上持っているかわかりましたか？

　もちろん、名詞の前に具体的な数や、「多くの」や「いくつかの」などを意味する単語をつけることもあります。

I have <u>two</u> computers.（2台のコンピュータ）
I have <u>many</u> books.（多くの本）
I have <u>some</u> English books.（<u>何冊かの英語の本</u>）

もう一歩 英語の複数形には、sをつけるのではなく、形がすっかり変わってしまうものもあります。例えば、**a child**（子ども）は**children**（子どもたち）になりますし、**a person**（人）の複数形は**people**（人々）です。

ひと休み 松尾芭蕉の名句に「古池や蛙（かわず）飛びこむ水の音」というのがあります。みなさんも一度は耳にしたことがあるのではないでしょうか。ところで、この古池に飛びこむカエルは何匹だと思いますか？　もう一度句を読んで、想像してみてください。

　この句が明治時代に英訳されたとき、句の中のカエルは、**frogs**と複数形で訳されました。カエルが次から次へ古池に飛びこんでいく様子をイメージしたのでしょうか。もちろん、日本語の原文には、カエルが1匹なのか、2匹以上なのかはっきり書いてありませんから、その訳が間違っているとは<u>言えません</u>。ただ、芭蕉が描いた俳画には1匹しか描かれていないそうです。それに古池の静かなたたずまいを感じさせる句の印象をく

みとると、やはり1匹にしたいところですね。

　実は、その後もこの句は多くの人によって英訳され、ほとんどの訳者が飛びこむカエルを **a frog** にしています。a や s のひとつで大違いですから、翻訳というのは本当に難しいですね。

ちょっと練習　下の文の（　　　）に、＜　　＞から選んだ名詞を入れなさい。

（1）Mr.and Mrs. Johnson have two (　　　　　　).
　　＜ child / children ＞
　　「ジョンソンさん夫妻には子どもが二人います。」

（2）Eri has white (　　　　　　).
　　＜ dress / dresses ＞
　　「エリは白いドレスを持っています。」

（3）Ken has a black (　　　　　　).
　　＜ jacket / jackets ＞
　　「ケンは黒いジャケットを持っています。」

　答えは次の通りです。ヒントになる単語に下線を引きましたので参考にしてください。

（1）Mr.and Mrs. Johnson have two (children).
（2）Eri has white (dresses).
　　＊単数なら a white dress で、a が必要です。
（3）Ken has a black (jacket).

5章　これだけは知っておきたい英文法　143

③数えない名詞

世の中には1つ、2つと数えられるものもあれば、そうはっきりと数えられないものもあります。例えば、water（水）やair（空気）やfire（火）、love（愛）やpeace（平和）はどうでしょう？　形がはっきりしていないものや、抽象的な言葉は数えにくいですね。それからJapan（日本）やKen（ケン）といった地名や人名など、この世に1つしかないものは数えません。数えない名詞には、a/anもs/esもつけず、いつも単数としてあつかいます。

数えるか数えないかの基準は、少し乱暴に言ってしまうと、数えやすいか、数えにくいかです。だいたい同じ形をしていて、はっきり1つ、2つ、とイメージできるものは数えやすいですし、数えたくなります。でも、形がはっきりせず、形状がそのときによって変わるものは数えにくいので数えません。

例えば、クッキー（cookies）は数えますが、チョコレート(chocolate)は数えません。クッキーはある程度形が決まっていますし、目の前にクッキーがあれば、何個（何枚）あるかはっきり数を言えますよね。でも、チョコレートはどうでしょう？板チョコと粒チョコでは形も種類も違いますし、チョコクリームやチョコレートドリンクなどはまったく別ものです。ですから、チョコ全般を指すときには数えにくいので数えません。クッキー（全般）が好き、チョコレート（全般）が好き、と英語で言いたいときはこうなります。

I like cookies.
I like chocolate.

ただ、種類を限定して、板チョコ(a chocolate bar / chocolate bars) なら数えますし、粒チョコだけ並んでいたら、Would you like a chocolate?「おひとつ、いかがですか？」と a をつけることもあります。

　形状が変わるものを数えないというのを、逆に考えると、英語ではいろいろなものの総称は数えないことになっています。例えば、椅子や机、ベッドやタンスなどの総称である「家具」の furniture や、スーツケースやカバンなどをひっくるめた「荷物」の luggage も数えない名詞に入ります。

　ただ、数えない名詞をあえて数える方法がないわけではありません。例えば、furniture は、piece(ピース) という単語を使って、a piece of furniture、two pieces of furniture と数えます。水を数えたいなら、コップに入れて、1杯、2杯と数えればいいのです。

　では、「私は毎朝お水を飲みます」を英語にしてみましょう。

I drink water every morning.
（water は数えないので、a も s もつけません）

　どのくらい飲むかというと、コップ（glass）1杯、a glass of water です。

I drink a glass of water every morning.
（数えるのはあくまでも glass ですから、water には何もつきません）

5章　これだけは知っておきたい英文法　　145

朝食にパンを食べるのなら、

I eat bread for breakfast.

パンもいろいろな種類（形状）がありますから数えません。でも、スライスして3枚（three slices）になると、形がはっきりするので数えます。

I eat three slices of bread for breakfast.

では、朝食後にコーヒーを飲みましょう。

I drink coffee after breakfast.

カップに2杯（two cups）なら、こうなります。

I drink two cups of coffee after breakfast.

みなさんは朝食に何を食べ、何を飲みますか？　自分の場合に置き換え、声に出して言ってみましょう。

では、最後に1つ問題です。こんな英文があったとしら、どう解釈しますか？

Three fires / happened / in the town / last week.
3つの火が / 起こりました / その町で / 先週

3つの「火」とは何でしょう？　数えないはずの fire（火）に s がついています。何のことか、もうぴんときましたか？

　答えは、「火事」です。「3つの火」ではなく、「3件の火事」と解釈すればつじつまが合いますね。辞書で fire を調べてみてください。「火事」という意味ものっていて、数える名詞の印 C (countable「数えられる」) がついているはずです。（数えられない uncountable の名詞には、U の印がついています）。

　名詞を、数えられるものと数えられないもの真っ二つに分けることはできません。fire のように、同じ単語でも意味によって数えたり数えなかったりするのです。

　きちんとした文を書くときや、試験のためには、正確に覚えたり、辞書で調べたりしなければなりません。でも、自分なりに数えるか数えないかのイメージをもつことも大切です。あまり神経質にならずに、1つ、2つと数えられそうだと思ったら、迷わず数えてしまいましょう！

もう一歩　I like cookies. は、クッキー全般、つまり、クッキーというものが好きという意味です。「〜というもの」と言いたいときは、冠詞の the をつけずに数える名詞を複数にします。I like flowers. I like movies. という具合です。数えない名詞はそのまま、I like chocolate. I like milk. になります。では、次の文はどうですか？名詞の形と意味を確認してください。

I like movies. But I don't like the movie.
私は映画が好きです。でも、その映画は好きではありません。

> **ひと休み** 英語に、**It is a piece of cake.** という表現があります。そのまま訳すと、「それは1切れのケーキだ」なのですが、どんな意味で使われるか想像できますか？　実は、ケーキ1切れぺろりと食べてしまうくらい「簡単だ」という意味なのです。日本語では、「そんなの朝飯前だ」と言いますね。英文法も、朝飯前にケーキ1切れ食べるくらいの気持ちでやりましょう！

④代名詞

　代名詞というのは、その名の通り、何を指しているのかわかりきっているときに、元の名詞の代わりをします。例えば、**Ken is a student.**（ケンは学生です）と言ったあとに、またケンについて語るときは、**Ken** を **he**（彼）に変え、**He lives in Tokyo.**（彼は東京に住んでいます）にします。英語では名詞をそのままくり返さずに、代名詞にするほうが自然です。**Eri** は **she**（彼女）に、**Ken and Eri**（ケンとエリ）は **they**（彼ら）に、**Ken and I**（ケンと私）なら **we**（私たち）になります。物の場合なら、**a book**（1冊の本）は **it**（それ）、**books**（2冊以上の本）は **they**（それら）に、それぞれ変わります。

　代名詞というのは、語り手も相手も何を指すのかわかりきっているときにしか使われません。ですから、あまり強調されず、日本語では多くの場合省略されてしまいます。**英語では省略されませんが、声に出すときにはとても弱く発音されます。**

　代名詞には「〜は / が」にあたる**主格**と、「〜を / に」にあたる**目的格**、そして「〜の」にあたる**所有格**があります。その変化形をまとめると次の通りです。

148

	主格（〜は / が）	目的格（〜を / に）	所有格（〜の）
私	I	me	my
私たち	we	us	our
あなた	you	you	your
あなたたち	you	you	your
彼	he	him	his
彼女	she	her	her
彼ら / 彼女ら	they	them	their
それ	it	it	its
それら	they	them	their

　ほとんどの中学1年生は、代名詞を、I / my / me「アイ・マイ・ミー」とリズムをつけて覚えると思います。そのときの順番は、主格・所有格・目的格です。教科書の巻末などにもその順序で書いてありますが、ここでは文の中で使われるときに関係の深い主格と目的格を最初に並べました。あとの説明も、主格と目的格についてお話ししたあとで、所有格について確認します。

　表を見てわかる通り、英語では「あなた」も「あなたがた」も同じ you です。また、人でも物でも複数になると、代名詞は they/them（彼ら / 彼女ら / それら）になります。慣れるまではまぎらわしいので気をつけましょう。

5章　これだけは知っておきたい英文法

もう一歩 日本語では自分をさすとき、「私」、「ぼく」、「おれ」、「わたくし」、「あたし」などと使い分けます。でも英語では、男も女も、子どもも高齢者も、みんな I と me と my です。つまり、「おれは毎日野球を練習するんだ」も、「あたし毎日野球を練習するのよ」も、「わしは毎日野球を練習するんじゃ」も全部、I practice baseball every day. という英語になるのです。

反対に、I practice baseball every day. という文を見たとき、語り手のことを知らなければ、男か女か、若い人か高齢者か、まったくわかりません。野球の練習だから男の子だろうと思ったら、案外女の子ということもあります。もしかしたら、80代の男性かもしれません。もちろん、語り手のことがわかれば、その人に合わせて日本語訳を工夫できるということです。

英語と日本語、それぞれの言語によってこだわるところが違います。でも、違いがあるからこそ、その分おもしろいのですよね。

◎──主格と目的格

　ここでは代名詞の主格と目的格の使い方を整理します。like（好き）という動詞を使って、例文を書きました。誰が（主語・主格）誰を（目的語・目的格）好きなのでしょう？　名詞に対応する代名詞の形もチェックしてください。

＊物を like の主語にはするのはおかしいので、そこだけ例文の形を変えてあります。

I / like / Ken.　　　　　　　→　I / like / him.
（私は）（ケンを）　　　　　　　　（私は）　（彼を）

Ken / likes / Eri.　　　　　　→　He / likes / her.
（ケンは）　（エリを）　　　　　　（彼は）　　（彼女を）

Eri / likes / you.　　　　　　→　She / likes / you.
（エリは）（あなたを）　　　　　　（彼女は）　（あなたを）

You / like / Ken and Eri.　　→　You / like / them.
（あなたは）（ケンとエリを）　　　（あなたは）　（彼らを）

Ken and Eri / like / me.　　 →　They / like / me.
（ケンとエリは）　　（私を）　　　（彼らは）　　（私を）

Ken and I / like / Eri.　　　 →　We / like / her.
（ケンと私は）　　（エリを）　　　（私たちは）（彼女を）

5章　これだけは知っておきたい英文法　151

Eri / likes / Ken and me.　→　She / likes / us.
（エリは）　　（ケンと私を）　　　（彼女は）　（私たちを）

Ken and I / like / the book.　→　We / like / it.
（ケンと私は）　　（その本を）　　（私たちは）（それを）

Ken and I / like / the books.　→　We / like / them.
（ケンと私は）　　（それらの本を）　（私たちは）（それらを）

The book / is / interesting.　→　It / is / interesting.
（その本は）　　（おもしろい）　　（それは）

The books / are / interesting.　→　They / are / interesting.
（それらの本は）　（おもしろい）　　（それらは）

　では最後に、前置詞の後に来る名詞・代名詞の例文を確認しておきましょう。**前置詞の後の代名詞は目的格**です。

Ken / goes to school / with Eri.
（ケンは）　　　　　　　　（エリと）
→　He / goes to school / with her.

> **ちょっと練習** 例と同じように下線を引いた名詞を代名詞にしなさい。

(例) I / like / my mother. → I like (her).
(私は / 好き / 母を)

(1) I / like / my father. → I like (   ).
(私は / 好き / 父を)

(2) I / like / my mother and my father. → I like (   ).
(私は / 好き / 母と父を)

(3) My sister and I / like / our father.
(姉と私は / 好き / 父を)
→ (   ) like (   ).

(4) The flower / is beautiful. → (   ) is beautiful.
(その花は / 美しい)

(5) The flowers / are beautiful.
(その花々は / 美しい)
→ (   ) are beautiful.

(6) The flowers are beautiful. I like (   ).

(7) I practice soccer / with my brothers.
→ I practice soccer with (   ).

5章 これだけは知っておきたい英文法 153

【答え】
(1) I like (him).
(2) I like (them).
(3) (We) like (him).
(4) (It) is beautiful.
(5) (They) are beautiful.
(6) I like (them).
(7) I practice soccer with (them).

（6）はちょっと迷ったかもしれませんね。主語の the flowers が like の目的語になるので、主格の they ではなく、目的格の them になります。こんなふうに主語と目的語は入れ替わることがよくあります。（7）は、my brothers の最後に s がついて複数形になっているので、him ではなく them になります。

◎──所有格

代名詞の所有格とも仲よくなりましょう。次の7つの文は、すべて自分の部屋を自分で毎日掃除する (clean) という意味の英文です。私は私の部屋を、彼女は彼女の部屋を、という具合に、主語に合わせて所有格も変化します。そして、主語が複数になれば、部屋も複数あるので rooms と最後に s がつきます。印に注目して読んでみましょう。

I clean my room every day.　　　　　（私は / 私の）
We clean our rooms every day.　　　（私たちは / 私たちの）

You clean your room every day.　　（あなたは / あなたの）
You clean your rooms every day.
　　　　　　　　　　　　　（あなたがたは / あなたがたの）
Eri cleans her room every day.　　（エリは / 彼女の）
Ken cleans his room every day.　　（ケンは / 彼の）
Eri and Ken clean their rooms every day.
　　　　　　　　　　　　　（エリとケンは / 彼らの）

　では、Eri cleans my room every day. だったら、どうですか？「エリは毎日私の部屋を掃除する」のですから、エリは自分の部屋ではなく、毎日語り手の部屋を掃除するということになりますね。もしこの文の主人公が男の子なら、「エリは毎日ぼくの部屋を掃除してくれるんだ」となるわけです。

　主語が複数でも部屋は１つ（単数）という場合もあります。We clean our room every day. のように、room に s がついてなければ、共同で使っている１つの部屋をみんなで掃除するということです。s がつくかつかないかで、ここでも目にうかぶイメージががらりと変わります。

　日本語では、私の、あなたの、彼女の、といちいち言わないので、英語の所有格は、冠詞や前置詞などと同じくらいつけ忘れの多い単語です。少しずつ慣れていきましょう！

We clean our rooms.　　We clean our room.

5章　これだけは知っておきたい英文法　　155

ちょっと練習 主語に合わせてぴったりの所有格を入れなさい。

日本語の訳文では所有格がないほうが自然なので省略しました。

（例） I like (　　) mother. →　I like (my) mother.
「私はお母さんが好きです。」

（1） Eri likes (　　　　) father.
「エリはお父さんが好きです。」

（2） Eri and Ken like (　　　　) English teacher.
「エリとケンは英語の先生が好きです。」

（3） (　　　　) sister and I help (　　　　) mother.
「姉と私は母の手伝いをします。」

（4） Ken and (　　　　) brother practice soccer with (　　　　) father.
「ケンとお兄さんはお父さんとサッカーの練習をします。」

【答え】
（1） Eri likes (her) father.
（2） Eri and Ken like (their) English teacher.
（3） (My) sister and I help (our) mother.

（4）Ken and (his) brother practice soccer with (their) father.

もう一歩 英語では、my sister や my brother というとき、特に姉か妹か、兄か弟かは気にしません。（日本語で、「ネコを飼っています」というときに、1匹か2匹以上かを気にしないのと同じです）。でも、日本語に訳すときは、どちらかを選ばなければなりませんね。家族構成を知っていれば問題ありませんが、手がかりがないときは困ります。

もちろん、英語でも姉や兄だと伝えたいときは、「年上の」という意味で older（または elder）をつけ、my older sister / my elder brother としますし、妹や弟なら、「年下の」という意味の younger をつけ、my younger sister / my younger brother とします。

ただ、兄と弟と姉が1人ずついる場合、英語では、I have two brothers and a sister. とさらりと言うのです。そのあとで、My older brother is a teacher.（兄は教師です。） My younger brother studies music.（弟は音楽を勉強しています。）などと、くわしいことを語ります。

日本語には、『単・複問題』の代わりに『年上・年下問題』があるのですね。兄弟姉妹のことはもちろん、先輩後輩、敬語など、日本語はとことん上下関係にこだわる言葉と言えるでしょう。

5章　これだけは知っておきたい英文法　157

英語がこだわる「動詞の世界」

いよいよ最後の主役、「動詞」について詳しくお話しする時がやってきました。これで文法の説明は終わりですが、大切なことなので、もう一度集中して読んでください。

英語の世界で「動詞」はとても重要な役割を果たします。動詞のあとには目的語などが来ますが、動詞によっては目的語が必要だったり、必要ではなかったりするなど、**その使い方はとても複雑**です。

日本語では語尾が豊かに変化して、さまざまなニュアンスを伝えます。それに対して**英語では、動詞がいろいろな形に変化して文の意味を決定するのです。**英文を読むときは、動詞の形（現在形か、過去形か、進行形か）などにくれぐれも注意してください。動詞を正しく理解していないと、文のいちばん大切なポイントを見失いかねません。

では、日本語とは違う英語の「動詞の世界」をのぞいてみましょう。

① be 動詞と一般動詞

英語の動詞は大きく2つに分かれます。つまり、「be 動詞」と、それ以外の「一般動詞」です。

中学校の教科書の最初に出てくる文には、be 動詞がたくさん使われています。My name is Eri. の is や、How are you? の are、I am fine. の am はすべて be 動詞です。be 動詞は be というのが原形で、am / are / is はその変化形になります。be 動詞だけが特別で、こんなに変化する動詞は他にありません。

be動詞には、「ある/いる」という存在を表したり、「AはBです」というように、2つのものをイコールで結びつけたり、進行形（be動詞＋動詞ing）や受け身（be動詞＋過去分詞）の文を作ったり、他にもいろいろな働きがあります。

　日本語にはbe動詞にあたる動詞はありません。ところが、My name / is / Eri. が「私の名前 / は / エリ」となるので、be動詞＝「は」だと思い込んでしまう人がいます。そのせいで、be動詞ではない一般動詞を使うときも、いちいちI amや省略形のI'mをつける悪いクセがついてしまうようです。（I'm study English.（×）は間違いです。英語は、1つ文の中には、be動詞でも一般動詞でも、動詞はたった1つしか使えません。追加の動詞を使うときは、その動詞にingやedをつけたり、動詞の前にtoをつけたりして加工するのがルールです。ですから、I'm studying English. と、進行形にすれば問題ありません）。

　さて、英語の動詞というのは、be動詞以外はすべて一般動詞です。一般動詞は、read（読む）、write（書く）、eat（食べる）、run（走る）、work（働く）、think（思う）など、それぞれ独特の意味を持ち、使い方もさまざまです。

　では、be動詞と一般動詞の変化の違いを、現在形で比べてみましょう。

＜be動詞＞原形：be　　　　　＜一般動詞＞原形：read

I am a student.　　　　　　　I read English.
（私は学生）　　　　　　　　　（私は / 読む / 英語を）
We are students.　　　　　　We read English.
（私たちは）

5章　これだけは知っておきたい英文法　　159

You are a student. （あなたは）	You read English.
You are students. （あなたたちは）	You read English.
He is a student. （彼は）	He reads English.
She is a student. （彼女は）	She reads English.
They are students. （彼らは）	They read English.

　一般動詞は、彼や彼女が主語の時に s がつくだけで、あとは原形のままです。それに比べて be 動詞のほうは、**am/is/are** と形がくるくる変わりますね。

もう一歩 be 動詞と一般動詞は疑問文の作り方も違います。疑問文にするとき、一般動詞は **do** や **does** を文頭に置いて語順はそのまま、be 動詞は主語と動詞の語順をひっくり返します。例文を書いてみましょう。

疑問文

You are a teacher.	→	Are you a teacher?
Ken is a teacher.	→	Is Ken a teacher?
You study English.	→	Do you study English?
Ken studies English.	→	Does Ken study English?

> **さらに一歩** 一般動詞の現在形に s がつくのは、主語が「3人称単数」のときだけです。このルールは中学1年生の早い時期に勉強しますが、そのあともずっと「3単現の s」という言葉は呪文のように耳に残ると思います。なぜなら、「3単現の s」は、わかっているのに誰もがつけ忘れやすいものの中でナンバーワンだからです。

ではここで、主格の人称をまとめておきましょう。

	単数	複数
1人称（語り手）：	I	We / we
2人称（相手）：	You / you	You / you
3人称（第3者）：	He / he She /she	They / they

3人称単数には、Ken や Eri や my mother も入りますし、a banana や the sun も含まれます。私とあなた以外の人や物事で、単数の名詞であれば、すべて3人称単数です。そういった名詞が主語になったとき、現在形の一般動詞には必ず s がつくのです。（疑問文のときは、動詞についた s がとれ、代わりに文頭の do に es をつけて does にします）。

語尾にそのまま s がつく場合と、study のように子音＋y で終わる動詞が studies になったり、washes や goes、does などのように es がついたり、have が has になったりもします。最初は名詞の複数形の s とまぎらわしいと思うかもしれませんね。でも、英語は語順で名詞なのか動詞なのかはっきり区別がつきますから大丈夫。とにかく、何度もつけ忘れながら覚えていきましょう！

5章　これだけは知っておきたい英文法

> ひと休み
>
> レストランで注文をするとき、日本語なら、「私はエビフライ定食」、「おれはカツ丼」、「じゃあ、ぼくはハンバーガー」と言っても、まったく問題ありませんよね。でも、英語を話すときに、"I am a hamburger."と言ってしまったら、どうでしょう？ これはかなり問題です。なにしろ、be動詞は2つのものをイコールで結びつける働きがありますから、私＝ハンバーガーで、「私がハンバーガーです」のように聞こえてしまいます。「え、あなたは、ハンバーガーさんですか？」と、つっこまれてしまいそうですね。
>
> そんなときは、I will have a hamburger. と言い直しましょう。（will は意志を表すので、「私はハンバーガーにします」という、その場で決めた感じがよく出ます。☞ P171）
>
> でも、そういった間違いのおかげで相手との距離が縮まり、親しくなるきっかけになるかもしれません。人と人とのコミュニケーションでは、正しいことだけが良い結果を生むわけではないですからね。

②さまざまな変化形

英語の動詞はいろいろな形に変化しますが、いったいどんなふうに変化するのでしょう。参考までに、studyの変化形を単純な現在形から並べてみます。

単純現在形	study / studies
現在進行形	(am / are / is) studying
現在完了形	(have / has) studied
現在完了進行形	(have / has) been studying

過去形	studied
過去進行形	(was / were) studying
過去完了形	had studied

　こうして形を変化させることで、英語の動詞は、主語がいつどんな時間の流れの中で動いたのかを伝えます。つまり、いつもすることなのか、今現在していることなのか、過去からずっと続いていることなのか、もう終わってしまったことなのか、などなどです。英語は、こうした**時間の流れにとことんこだわる言語**なのだ、ということをどうか忘れないでください。

　では、動詞の現在形、過去形がどんなふうに使われているか、日本語と英語を比べてみましょう。

「私は毎日英語を勉強します」
I study English every day.（現在形）

「私は昨日英語を勉強しました」
I studied English yesterday.（過去形）

　下線をつけたところを見てください。日本語は語尾が、英語は動詞の形が変わっていますね。つまり、日本語は語尾で、英語は動詞の形で現在形と過去形を区別するということです。英語は過去のことはあくまでも動詞の過去形、現在のことは現在形で表します。英文を読むときは、動詞がどんな形をしているか必ずチェックしましょう。

もう一歩 英語の過去形は、study のときは studied、work（働く）のときは worked のように、動詞の最後に ---ed をつける規則変化と、形をすっかり変えてしまう不規則変化があります。

be 動詞は、am と is が was、are が were にそれぞれ変化します。

一般動詞では、go（行く）が went、write（書く）が wrote、eat<íːt>（食べる）が ate<éit> になるなど、本当におもしろいほど姿が変わってしまいます。read（読む）のように、スペルは同じで読み方だけ変わるもの（原形は <ríːd> で過去形は <réd>）や、cut（切る）などのように、過去形も原形と同じという無変化の動詞もあります。しかも、動詞は過去形だけでなく、完了形や受け身のときに使う、過去分詞という形もあり、これも中学英語では必須です。（ちなみに、---ed の規則変化は、過去分詞も同じ形なので安心してください。でも、不規則変化動詞は、be 動詞の過去分詞は been、go は gone、eat は eaten のように、さらに不規則に変化します）。

実は、こうした動詞の不規則変化を習い始める中学1年の3学期あたりから、英語を嫌いになる人がどっと増えるようです。いやになる気持ちもわかりますが、どうかへこたれないでください。中学英語に出てくる不規則変化の動詞は、全部で100個くらいです。九九を暗唱するようなつもりで覚えてしまいましょう！

ひと休み

「パンはパンでも食べられないパンは何？」

答えは「フライパン」ですね。

英語で、なぞなぞのことは riddle「リドル」と言います。では、英語のなぞなぞをひとつ出しますので、よーく考えてください。

"Why is ten afraid of seven?"
「なぜ 10 は 7 を怖がるのでしょう？」

これは、不規則変化の過去形のレッスンをやったあとにぴったりのなぞなぞです。

答えは「７８９」ですが、どういうことかわかりますか？

わからない人のためにヒントを出しましょう。では、７８９を英語で読んでみてください。大きな声で、「セヴン、エイト、ナイン！」、"Seven, eight, nine!" まだぴんときませんか？

それでは、8の発音 <éit> とまったく同じ発音の動詞の過去形を思い出してください。つい先ほども出てきた動詞です。わかりましたか？　そうです、eat「食べる」の過去形 ate<éit> ですね。それでは、8のところに ate を入れて、もう一度読んでみましょう。

"Seven ate nine."

どうですか？　日本語にすると、「7が9を食べちゃった」。次は 10 が狙われるかもしれません。10 が 7 を怖がるのも当然ですね。

（英語の答えは、"Because 7 ate 9." です）。

5章　これだけは知っておきたい英文法　165

③さまざまな英語の時間

では次に、動詞がどんな時間の流れを伝えているのか、例文を使って見ていきます。まずは現在形と過去形です。単純なものと、それぞれの進行形と完了形をまとめて並べてみました。例文と解説を読んで、動詞の形と時間のとらえ方を確認してください。現在完了進行形と過去完了形は中学英語では習いませんが、参考までに紹介します。そのあとは、未来を表す **will** と **be going to** です。この２つは中学英語に出てきます。それぞれの特徴を比べてみましょう。

例文の中には難しいものもありますので、まだ勉強が進んでいない人は、日本語の解説を中心に読み進めてください。英語はこんなふうに時間をとらえるのだなあ、こんなところにこだわるのだなあ、と感じてもらえたら十分です。

＊変化の様子がわかるように、すべて同じ eat（食べる）という動詞を使っています。ただし、現在完了形（３）では動詞を live（住む）に変えました。

| 過 去 形 | 現 在 形 | 未 来 形 |

●単純現在形
I eat / rice and fish / every day.
（私は食べます / ご飯と魚を / 毎日）

単純現在形の動詞は、３人称単数のときに s/es がつくだけ

で、あとは原形と同じです。伝えているのは、習慣として「食べる」ということで、今の時点で食べているわけではありません。つまり、何も食べていないときにこの文を言ったとしても、まったく問題ないということです。単純現在形は、every day「毎日」や every weekend「毎週末」、always「いつも」や sometimes「時々」など、習慣を表す言葉とよく一緒に使われます。

●現在進行形
I am eating / dinner / now.
（私は食べています / 夕食を / 今）

　現在進行形は、be 動詞＋動詞 ing という形です。この ing が、今まさにやっていること、現在進行中の動作を象徴しています。つまり、今の時点で「食べている」という動作が続いているということです。電話の相手に "What are you doing now?"「今何をしていますか？」と聞かれたら、"I'm eating dinner."「食事中です」と答えましょう。このとき、単純現在の "I eat dinner."「夕食を食べます」ではしっくりきません。

●現在完了形
（1）I have eaten / dinner / already.
　　　（私は食べてしまいました / 夕食を / すでに）
（2）I have eaten / sushi / before.
　　　（私は食べたことがあります / 寿司を / 以前）
（3）Ken has lived / in Japan / for 3 years.
　　　（ケンは住んでいます / 日本に / 3 年間）

5章　これだけは知っておきたい英文法　167

現在完了形は、(have/has)＋動詞の過去分詞です。過去から現在を含む時間の幅を意識したとき、英語では現在完了形が使われます。現在を含んでいるというのがとても重要で、現在完了形はその名の通り、あくまで現在形の仲間です。

　まず例文（1）ですが、これは今の時点で夕食を食べる行為が完了している、その結果「もう満腹」、「これ以上食べられません」など、結果として現在の状態を伝えています。「外で夕食をいかがですか？」"Would you like to go out for dinner?"と誘われたときの返事に、"Well, I've eaten dinner already."と答えたら、「もう食べてしまったので、ご一緒できません」という意味合いが相手に伝わるのです。

　例文の（2）は、経験を表す現在完了です。過去から今までの間にお寿司を食べたことがあります、今日が初めてではありません、と伝えています。過去形と違うところは、「いつ」食べたのかは関係ないこと。（いつ食べたのかを言いたいときは、I ate sushi yesterday. のように過去形を使います）。現在完了形が伝えているのはあくまでも経験です。昨日でも10年前でも「食べたことがある」ことに変わりはありません。

　例文（3）の現在完了形は継続を表しています。3年前から住み始めて今も住んでいるということです。（今現在日本に住んでいなければ、現在完了形は使えません）。

●現在完了進行形
We have been eating / dinner / since 7:00 pm.
（私たちは食べ続けています / 夕食を / 午後7時からずっと）

現在完了進行形は、現在完了の（have/has）＋過去分詞と、進行形のbe動詞＋動詞ingをミックスして、(have/has)＋been＋動詞ingという形になります。意味も、両方の特徴を合わせ、過去のある地点から始まった動作が今も継続中だということです。

　例文からは、7時から始まった夕食会が今もにぎやかに続いていることが伝わってきます。今が9時だとしたら、3時間も食べ続けているのです。まだ残っている料理を口に運ぶ人々の姿が目に浮かびます。(1人で食べているのではつまらないので、ここだけ主語をWeにしました)。

　「7時からずっと」を、「3時間」という時間の幅に置き換えることもできます。

We have been eating dinner / for 3 hours.
　　　　　　　　　　　　　　　　3時間

| 過 去 形 | 現 在 形 | 未 来 形 |

● 単純過去形

I ate / rice and fish / for dinner / yesterday.
(私は食べました / ご飯と魚を / 夕食に / 昨日)

　単純な過去形は、規則動詞なら動詞にedをつけますが、不規則動詞のeatはateに変化します。過去のある時点で起こったこと、ここでは、「昨日」「食べた」という事実を伝えています。単純過去の文には、たいてい「過去のある時点」を表すキーワードがあります。例文では、yesterday（昨日）ですね。

● 過去進行形

I was eating / dinner / when my mother came home.
（私は食べていました / 夕食を / 母が帰宅したとき）

　過去進行形は、be 動詞の過去形（was/were）＋動詞 ing になります。**過去のある時点、この例文では「母が帰宅したとき」に「食べる」という動作が進行中だったことを表しています。**つまり、お母さんが帰ってきてリビングのドアを開けたら、語り手はぱくぱくとまだ夕ご飯を食べていたということです。単純過去で表される世界が写真だとしたら、過去進行形は動く映像と言えるでしょう。「昨日の夜9時頃、何をしてた？」（"What were you doing around 9:00 last night?"）とアリバイを聞かれたら、「ケンと夕食を食べていました」（"I was eating dinner with Ken."）と過去進行形ではっきり答えましょう！

● 過去完了形

I had eaten / dinner / when my mother came home.
（私はもう食べてしまっていました / 夕食を / 母が帰宅したとき）

　過去完了形は、had(have の過去形)＋動詞の過去分詞です。**過去のある時点で、その動作がもう終わっていた**ことを伝えます。例文は、お母さんが帰ってきた時点で、もう「食べる」という動作が完了していたということです。つまり、帰宅したお母さんがリビングのドアを開けたとき、テーブルの上の食器はすでに空になっていたのです。語り手本人は、リビングでテレビを見ていたかもしれません。ひとつ前の過去進行形では、まだ食

べていましたね。動詞の形で伝わるイメージがぜんぜん違ってきます。

　過去完了形を使うときは、必ず基準になる過去が必要です。そのため、すべて過去形で書かれている物語や小説などにはよく出てきます。でも、中学英語ではやりませんし、日常会話でもめったに使われません。

過去形　　　現在形　　　**未 来 形**

●意志と未来の will ＋動詞（原形）
I will eat / rice and fish / for dinner / tonight.
（私は食べます / ご飯と魚を / 夕食に / 今夜）

　助動詞のwillのあとは必ず動詞の原形です。will＋動詞は、語り手の意志を表しますから、例文からは、今夜はご飯と魚で和食にするぞ！　という気持ちが伝わってきます。"Can someone help me?"「誰か手伝ってくれるかい？」と聞かれて、手伝いを申し出るときは、"I will help you!"「私がお手伝いしましょう」がぴったりです。

　will は、話の流れの中で思いついたことを言うのにも適しています。おすすめのレストランやお店を教えてもらったときの「じゃあ行ってみるよ」は、"OK, I will go there." になります。

　will は未来の状態を表すのにも向いているので、be 動詞ともよく一緒に使われますよ。
Eri is 15 years old now.（エリは今15歳です）
She will be 16 next March.（来年の3月に16歳になります）

5章　これだけは知っておきたい英文法　　171

●予定の be going to ＋動詞（原形）
I am going to eat / rice and fish / for dinner / tonight.
（私は食べるつもりです / ご飯と魚を / 夕食に / 今夜）

　be going to の後も必ず動詞の原形になります。be going to ＋動詞は、これからの予定を伝えるのに最適です。予定なので、その場で思いついたことではなく、話す前から決めていたことです。会話で自分が何をするつもりかを言いたいときは、be going to をもっと積極的に使いましょう。

　会話では、be going to の代わりに、現在進行形でこれからの予定を語ることがよくあります。例えば、I am playing soccer tomorrow morning.「明日の朝はサッカーをします」や、My father is coming back from London next week.「父は来週ロンドンから戻ります」など、そうなることが確定しているときは、ごく自然に現在進行形を使うのです。ただし、未来を表すキーワード（tomorrow や next week）を入れるのを忘れないでくださいね。

もう一歩　未来のことを話すときに will ＋動詞しか使わない人が多いのは、ちょっと残念です。どうか be going to ＋動詞も使ってください。話す前から決めていた予定について語るときは、be going to ＋動詞がとても自然です。そして、会話のときは、be ＋動詞 ing の進行形も利用しましょう。未来を will にばかり頼らず、いろいろな表現を使ったほうがよりナチュラルな英語に近づきますよ。

ひと休み　「ターミネーター」"Terminator"という映画を知っていますか？　主人公は、倒しても、倒してもよみがえる不死身の殺人アンドロイド、ターミネーターですね。そのターミネーターの決めぜりふといえば、

"I'll be back."「おれは戻ってくるぞ」。

I'llというのは、I willの省略形です。be動詞というのは、「いる」とか「ある」という存在を表しますから、I'll be back.には、未来と意志に加えて、気がついたらその人がまた目の前に立っているようなニュアンスを感じます。ターミネーターが言うと、何とも不気味ですね。

もちろん不気味にすごんで言わなければ、日常会話にもI'll be back.は使えます。「すぐに」という意味のrightを入れて、"I'll be right back!"「すぐ戻るよ！」と言えば、用事を済ませるために、その場からちょっと退散するときの決めぜりふにぴったりです。

　この本での勉強はここで終わりです。最後まであきらめずに読んでくださって、ありがとうございました。

　中学レベルの英語を復習してみたくなった人は、中学3年分の文法がコンパクトに収まった問題集を一冊自力でやりきってください。また、英語で書かれた英文法のテキストに挑戦したい方には、"Basic Grammar in use"（CAMBRIDGE社刊）がおすすめです。文法の説明も英語ですが、イラストも多くわかりやすいですし、良質の例文もたくさん載っています。大きな書店の洋書売り場の英語学習コーナーにたいてい置いてあります。

これからは、みなさん一人ひとりが、それぞれの英語を勉強していくことになります。英語の海でおぼれそうになったときは、この本を開いて、またすいすいと泳ぎ始めるためのヒントやきっかけを見つけてください。
　英語に再挑戦するみなさんが、気持ちよく再スタートを切り、素晴らしい成果を得られますように！

If at first you don't succeed, try, try again!
1度目にうまくいかなければ、何度でも挑戦しよう！（諺）

著者 小比賀優子(おびか・ゆうこ)

東京都に生まれる。翻訳家、英語講師。1983年国際基督教大学(ICU)教養学部語学科卒業。専攻はコミュニケーション学。同年福武書店(現ベネッセコーポレーション)に入社、児童書部で主に国際ブックフェア、海外版権の取引業務に従事。退社後、渡独。ミュンヘン国際児童図書館で研修を受ける傍らミュンヘン大学でドイツ語を学ぶ。帰国後、「おびかゆうこ」の名前で、絵本・児童書の翻訳や創作と英語講師の仕事を始め、現在に至る。近年は、英語を教える立場から、英語への好奇心を再燃させている。主な児童書の訳書に、『ビアトリクス・ポター』(ほるぷ出版)、『ねずみの家』『帰ってきた船乗り人形』『愛のうたをききたくて』(いずれも徳間書店)、『ルール!』(主婦の友社)、『モホ・ワット』『ナヤ・ヌキ』『パスキ・ナナ』(いずれも出窓社)、絵本の訳書に、『はるになったら』(徳間書店)、『だいすきがいっぱい』(主婦の友社)、『あまくておいしいこいのものがたり』(光村教育図書)、『エリーちゃんのクリスマス』(福音館書店)、創作に「はっぱちゃん」(『おおきなポケット』168号/福音館書店)などがある。

本文イラスト　本田よん　http://hondayon.petit.cc/
図書設計　辻 聡

DMD

出窓社は、未知なる世界へ張り出し
視野を広げ、生活に潤いと充足感を
もたらす好奇心の中継地をめざします。

学び直しは中学英語で 世界一簡単な不変の法則

2010 年 10 月 22 日　初版発行
2011 年 2 月 28 日　第 2 刷発行

著　者　　小比賀優子

発行者　　矢熊　晃

発行所　　株式会社 出窓社

　　　　　東京都武蔵野市吉祥寺南町 1-18-7-303　〒180-0003
　　　　　電　話　0422-72-8752
　　　　　ファクシミリ　0422-72-8754
　　　　　振　替　00110-6-16880

印刷・製本　モリモト印刷株式会社

Ⓒ Yuko Obika 2010 Printed in Japan
ISBN978-4-931178-75-5
乱丁・落丁本はお取り替えいたします。定価はカバーに表示してあります。

全国学校図書館協議会選定図書